들으면 깨닫는 사회 이야기

－경쟁, 복지, 정의, 연대

들으면 깨닫는 사회 이야기

─경쟁, 복지, 정의, 연대

전국사회교사모임 기획 ㅣ 김상희·정민정·이진주 지음

| # 함께 잘 사는 법을 배우는 공동체 이야기

'나비 효과(butterfly effect)'라는 말이 있습니다. 어느 평범한 날, 표범나비 한 마리의 날갯짓이 세상을 폭풍우에 휩싸이게 만든다는 무시무시한 이야기이지요. 표범나비의 날갯짓으로 일어난 작은 바람이 딱정벌레를 다람쥐 꼬리 위로 떨어뜨렸습니다. 깜짝 놀란 다람쥐가 꼬리를 마구 흔들자, 그 옆에 있는 작은 나뭇가지가 부러져 개울가에 쌓여 있던 썩은 가지들 위로 떨어졌습니다. 그로 인해 썩은 가지들이 개울로 흘러가 물의 흐름을 막았습니다. 막힌 물은 옆에 있던 습지로 흘러 들어갔고, 마그마 활동으로 뜨거워진 증기와 만나 가까이 있던 화산맥을 건드리는 바람에 결국 화산이 폭발해 버렸습니다. 그 바람에 어마어마한 양의 마그마와 화산재가 인근 지역을 뒤덮었고, 부근을 지나던 온난 전선과 한랭 전선의 충돌을 불러와 그 일대가 폭풍우에 휩싸였습니다.

신기한 이야기이지요? 우연의 연속처럼 보이지만, 가만히 들여다보면 우리 삶에서 나비 효과를 찾는 것은 그리 어려운 일이 아닙니다. 어제 밤늦게까지 텔레비전을 본 것이 오늘 내가 친구와 다툰 원인이 될 수도 있습니다. 늦게까지 텔레비전을 보지 않았더라면,

오늘 아침에 일찍 일어났을 것이고, 그랬다면 지각을 하지 않았겠지요. 지각을 안 했더라면, 선생님께 혼나지 않았을 테고, 그랬다면 기분이 나빠지지 않았을 것이고, 괜히 친구에게 짜증을 내 다투는 일도 없었을지 모릅니다. 그리고 어쩌면 그 친구는 나와의 다툼으로 또 다른 일을 겪게 될지도 몰라요.

우리의 삶은 자세히 들여다보지 않으면 알 수 없는 수많은 나비효과의 영향을 받고 있습니다. 내가 방금 한 일이 다른 누군가에게, 그리고 결국에는 나에게 또 다른 영향을 미치게 됩니다. 우리는 같은 공간에서 함께 살아가야 하는 운명이기 때문이지요. 나의 삶은 현재 함께 살고 있는 혹은 이 땅에 살았거나 미래에 살아갈 수많은 사람과 연결되어 있습니다.

나는 학교에서 학생들을 만나며 살아가는 교사입니다. 나는 수업시간에 혼자 사는 세상이 아니라는 이야기를 자주 하지요. 아마도 많은 선생님이 매일 '함께 사는 법'에 대해 이야기하실 겁니다. 다른 사람을 돌보는 일에 대해서, 서로 배려하고 양보하는 일에 대해서, 나와 우리를 함께 생각해야 한다는 말을 끊임없이 들어 왔을 것입니다. 그것은 때로 '공동체 의식'이라는 말로 표현되고, 때로는 '연대'의 이름으로 나타나기도 하고, 또 어떤 때에는 '시민'의 모습에 투영되기도 합니다. 이 모든 것은 더불어 살아가는 것, 그 한 가지를 이야기하고 있습니다. 그것이 사회에서 함께 살아야 하는 운명을 갖고 태어난 모든 인간이 반드시 알아야 하는 소중한 가치이며 교육의 가장 중요한 목표이기 때문입니다.

가끔은 '함께 살아야 한다.'라는 나의 목소리에 힘이 실리지 않았습니다. 여러분에게는 이미 오래전부터 경쟁이라는 틀이 주어져 있었고, 더불어 잘 사는 법보다는 다른 사람을 이기고 살아남는 법을 그 안에서 배워 왔기 때문입니다. 게다가 우리 사회는 경쟁에서 졌을 때 얼마나 비참한 상황에 처할 수 있는지를 매일 여러분에게 생생하게 보여 주고 있습니다. 그래서 가끔은 여러분의 맑은 눈동자 앞에서 조금 더 먼저 태어난 사람으로서 무척 미안한 마음이 들었습니다.

사람이 함께 살아가는 것은 그 자체로 아름답기 때문이기도 하지만 그것이 전략적으로 생존에 더 유리하기 때문이기도 합니다. 그래서 공생이 아니면 공멸일 수밖에 없지요. '함께 잘 사는 법'을 알아야 '사는 법'을 알게 되는 것입니다. 우리는 그제야 비로소 평온과 행복을 맛볼 수 있습니다. 그 때문에 학생들에게 '함께 살아야 하는 이유를 가르치는 것'은 사회 교사인 내게 가장 어렵고도 중요한 숙제입니다.

고민 끝에 한 시간 동안의 재미난 게임을 통해 연대와 정의, 평등의 가치 등을 체험해 볼 수 있는 '참여하며 깨닫는 공동체게임-시민의 연회비, 세금 편(이하 공동체게임)'을 개발했습니다. 공동체게임은 수업 시간에 선생님과 학생들이 함께하는 시뮬레이션 게임입니다. 자연재해 및 사회 문제 카드를 하나씩 뽑아 가며 '세금이 없는 사회'와 '세금이 있는 사회'를 각각 체험하며 함께 사는 세상의 의미를 깨닫는 게임입니다.

　더 많은 사람과 생각을 나누기 위해, 공동체게임과 함께 세상에 내놓은 이 책은 수업 시간에 공동체게임을 해 본 친구들에게 체험한 것들을 생각으로 정리할 기회를 줄 것입니다. 아직 공동체게임을 해 보지 못한 친구들에게는 게임을 하면서 배울 수 있는 공동체적 가치들을 혼자 생각해 보는 계기가 될 테고요. 세금, 복지, 경쟁, 정의, 연대 등 사회 수업에서 곧잘 듣는 개념들을 서로 연계해서 이해할 수 있도록 구성되어 있습니다.

서로가 빚어낸 수많은 나비 효과가 사회와 시대를 만들어 냅니다. 이 책을 통해 여러분에게서 피어난 새로운 생각들이 벚꽃처럼 흩날리는 날, 우리는 그토록 갈망하던 따뜻한 봄날에 살게 될 것입니다. 여러분이 바로 우리의 봄이고 우리의 시대입니다. 그래서 여러분을 향해 힘차게 날갯짓을 해 봅니다. 이 책을 통한 나의 작은 날갯짓이 여러분에게서 세상을 바꿀 거대한 토네이도가 될 것을 믿으면서 말입니다.

책이 나오기까지 많은 분의 도움이 있었습니다. 삶의 가장 중요한 동반자인 정민정 선생님, 존경하는 후배 이진주 선생님이 이 책을 함께 썼습니다. 깊은 감사와 사랑의 마음을 전합니다. 이 책과 공동체게임이 세상을 변화시키는 힘이 될 수 있도록 길을 열어 주시고 조언을 아끼지 않으셨던 장경주 선생님께 깊은 감사와 존경의 마음을 전합니다. 그 어떤 것도 혼자 이룬 것이 없습니다. 수년간 함께 공부하고 연구해 온 전국사회교사모임 대안사회분과의 모든 선생님께 감사드립니다. 공동체게임 실험에 참여해서 게임 수업을 정교하게 다듬는 데 도움을 주셨던 평산 초등학교 김보경 선생님께 감사드립니다. 공동체게임 영상 촬영에 참여해 준 사랑스런 인헌중학교 1학년 5반 친구들에게도 고마운 마음을 전합니다. 이 기획이 갖는 의의에 깊이 공감하고 흔쾌히 공동체게임 출시와 책의 출간을 결정해 주신 휴머니스트 출판사에 깊이 감사드립니다.

2013년, 벚꽃이 생각처럼 흩날리는 날에
전국사회교사모임 김상희

차례

1장

세금이 없으면 더 행복할까

"제발 내가 낼 세금 좀 올려 주시오."

– 워런 버핏(미국의 투자가)

절세 권하는 나라

'절세(節稅)'라는 말을 들어본 적이 있나요? 세금을 절약한다는 뜻인 절세는, 합법적인 방법으로 세금을 적게 내는 것을 말해요. 우리나라뿐만 아니라 외국에도 절세라는 말이 있어요. 영어로는 'tax avoidance'라고 하는데, 세금 회피라는 뜻이에요. 'save tax(세금을 절약하다)'라는 표현은 《코리아타임즈》 같은 영자 신문에서 국내 상황을 설명하기 위해 가끔 쓰지만 외국에서 자주 사용하는 말은 아니에요. 세금을 덜 내려는 노력을 절약이라고 아름답게 표현하는 사회는 우리나라 말고는 찾아보기가 어렵답니다. 이런 풍토 때문에 우리나라에서는 선거철만 되면 "세금을 줄여 드리겠습니다!" 하고 선전하는 정치인이 꼭 등장하지요. 그리고 이런 공약은 많은 사람에게 환영을 받아요. 사람들은 왜 이토록 세금을 싫어하는 걸까요? 세금은 나쁜 걸까요?

세금 없는 나라로 이민을 가면 행복해질까요?

세금이 없는 나라도 있습니다. 알프스 산맥 기슭에 있는 리히텐슈타인 공국은 세금이 없는 나라로 유명해요. 그런데 세금이 없는 대신 군대도 없어서 국방과 외교를 혼자 힘으로는 하지 못하는 신세가 돼 버렸어요. 현재 리히텐슈타인의 국방권과 외교권은 스위스가 갖고 있답니다.

세금이 없는 나라들 중 사우디아라비아는 상당히 부유한 편입니다. 세계에서 석유 매장량이 가장 많은 덕분에 따로 세금을 거두지 않고도 모든 의료 서비스를 무료로 이용할 수 있으며, 초등학교에서부터 대학교까지의 학비를 국가에서 지원하는 등 엄청난 복지 제도를 갖추고 있습니다. 그러나 국가 산업이 석유 수출에만 집중돼 있는 탓에 생필품 생산조차 불가능해 모두 수입하고 있답

세부 영역	사우디아라비아 순위(전체 142개국)
경제적 기반	31위
교육	64위
건강	42위
국가 안보, 개인 안전	82위
개인의 자유	130위

사우디아라비아의 레가툼 번영 지수(2012) 레가툼 번영 지수(Legatum Prosperity Index)는 경제적 부와 복지를 종합하여 국가 번영을 측정하는 국제 지수입니다. 높은 경제력을 가진 사우디아라비아는 풍부한 복지 혜택을 제공하고 있음에도 불구하고, 2012년에 레가툼 지수를 조사했을 때 교육, 건강, 개인 안전 분야 순위가 낮았습니다. 세금이 없는 대신 국가의 기능도 약해진 것 아닐까요?

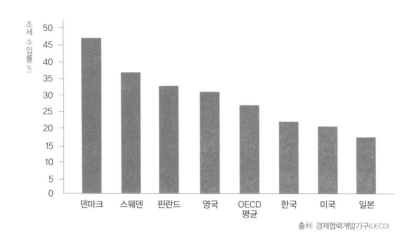

주요 나라들의 국내 총생산(GDP) 대비 조세 수입률(2010) 재정의 상대적 규모를 나타내는 지표입니다. 개발도상국에서보다 선진국에서 더 높게 나타나지요. 복지가 잘되어 있는 북유럽의 국가들이 높은 조세 수입률을 보이고 있는 반면, 우리나라는 경제협력개발기구 평균에도 미치지 못하는 수준입니다.

니다. 또 그렇게 부유한데도 범죄율은 날로 높아지고, 빈부 격차는 점점 심해지고 있어요. 게다가 실업률도 15퍼센트에 이르는 등 각종 사회 문제로 골치를 썩고 있답니다.

동남아시아에 있는 브루나이도 세금이 없는 나라 중 하나예요. 브루나이 만 해저에 매장돼 있는 원유와 천연가스 덕분이지요. 그 원유도 20여 년 뒤에는 고갈되어 버린다고 해요. 브루나이 역시 국민 소득은 높지만 심각한 빈부 격차에서 비롯한 사회 갈등이 문제가 되고 있습니다.

반면, 북유럽의 스웨덴이나 핀란드와 같은 복지 국가들은 세금

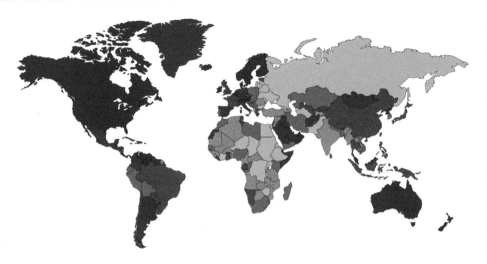

■ 행복 지수 순위

1위 덴마크	4위 아이슬란드	7위 스웨덴	23위 미국
2위 스위스	5위 바하마	8위 부탄	90위 일본
3위 오스트리아	6위 핀란드	···	102위 한국

행복　　　　　　　　　　　평균　　　　　　　불행　　조사 제외 지역

출처: 신경제학재단(NEF)

세계 행복 지도(2006)　심리학자 에이드리언 화이트 교수는 이 지도를 만들기 위해 세계 178개국에서 8만 명을 선정한 다음 그들에게 행복한 삶을 살고 있는지 물었습니다. 조세 수입률 그래프와 위 지도를 비교해 보면 재미있는 사실을 발견할 수 있습니다. 조세 부담이 높은 덴마크, 핀란드, 스웨덴은 각각 1위, 6위, 7위로 매우 높은 행복 지수를 보이는 반면, 조세 부담이 적은 한국, 미국, 일본은 각각 102위, 23위, 90위로 매우 낮은 행복 지수를 보입니다. 세금이 적어서 부담이 더 적은데 왜 그만큼 더 행복하지는 않을까요?

을 많이 내기로 유명합니다. 소득의 절반 가까이를 세금으로 내는 덴마크 사람들은 과연 행복할까요? 2006년에 영국 레스터 대학의 에이드리언 화이트 교수가 178개 나라들의 행복 지수를 조사한 적이 있어요. 화이트 교수는 조사 결과를 가지고 '세계 행복 지도'를 만들었는데 덴마크가 1위, 한국이 102위를 차지했어요. 덴마크에서는 무상으로 의료와 교육 서비스를 받을 수 있는 데다가 정부에서 끊임없이 일자리를 만들어 일하고 싶은 사람은 누구나 일할 수 있기 때문이지요.

만약 여러분이 고를 수 있다면 세금을 많이 내는 덴마크를 택할 건가요? 아니면 세금이 없는 사우디아라비아를 택할 건가요? 리히텐슈타인처럼 군대가 없어서 병역 의무가 없으면 우리의 삶은 더 나아질까요? 사우디아라비아처럼 복지 혜택은 많지만 일자리가 없고, 생필품조차 수입에 의존하며, 나날이 높아지는 범죄율 때문에 사설 경호원까지 고용해야 하는 등 매일 불안을 견디며 살아야 한다면 어떨까요? 과연 세금이 없다면 우리는 더 행복할까요?

왜 세금을 내야 할까요?

많은 사람이 세금 내는 것을 달가워하지 않는데도, 대부분의 나라에 세금이 있다는 건 참 신기한 일이에요. 도대체 왜 세금을 걷는 걸까요?

인간은 사회를 만들어서 함께 살아갑니다. 사회를 유지하기 위해서는 많은 비용이 들지요. 서로 간에 충돌되는 이해관계를 조정하고, 사회의 평화가 지켜질 수 있도록 치안을 유지해야 합니다. 다른 나라의 침입으로부터 국민을 지키기 위해 군대도 있어야 하

고, 대규모 자연재해에 대비하거나 그 피해를 복구하기 위한 자금도 필요합니다. 도로, 항만, 철도, 공항, 댐과 같은 기초 시설, 그리고 전기나 수도 등 국민 생활에 필요한 공공시설을 만들고 관리도 해야 하지요.

이런 일들은 기업이 맡아서 해결하기는 어려운 규모로, 어마어마한 자금이 필요합니다. 게다가 기업(시장)에 자율적으로 생산을 맡겼을 때 여러 가지 부작용이 나타나지요. 영국에서는 수돗물 산업을 민영화(정부가 운영하던 기업을 민간에 넘기는 것)한 뒤 해당 기업의 이익이 692퍼센트나 올랐고, 최고 경영자의 연봉은 708퍼센트가 올랐어요. 반면, 수도 요금은 450퍼센트가 상승했고 단수 사례는 50퍼센트나 늘어났습니다. 기업의 목표는 국가와 달리 최소 비용으로 최대 이윤을 내는 것이기 때문에 이런 문제들이 발생하는 것이지요. 그래서 누구에게나 꼭 필요한 자원과 서비스 들은 국가에서 책임지는 것이 바람직하답니다. 이런 이유로 의료와 교육 분야에서도 국가의 역할이 필요해요. 국가가 이 많은 일을 하기 위해서는 돈이 필요하겠지요? 그 돈이 바로 국민으로부터 거둬들이는 세금에서 나온답니다.

우리가 느끼지 못하는 사이, 세금으로 유지되는 국가의 역할은 우리 삶에 공기처럼 스며들어 있어요. 아침에 눈을 뜨고 밤에 잠이 들 때까지 우리의 모든 활동이 세금으로 지탱되는 국가 안에서 이루어진답니다.

철도 민영화 최근 정부에서는 철도 산업을 민간 기업에 넘겨 운영의 효율성을 높여야 한다는 논리로 철도 민영화를 추진하고 있습니다. 그러나 민간 기업에 철도 운영을 맡기게 되면 인구가 적은 지역의 노선은 요금이 크게 오르거나 아예 없어질 가능성이 있습니다. 만약 정부가 요금 인상을 제한하면 기업은 비용을 줄이기 위해 승무원을 줄이고 정비 횟수도 줄이겠죠. 영국에서 철도를 민영화한 이후, 10년간 요금이 50퍼센트나 올랐는데도 오히려 사고율이 높아지고 서비스의 질이 낮아진 원인도 여기에 있습니다.

왜 세금을 내기가 싫을까요?

사람들이 세금 내는 것을 꺼리게 된 이유 중 하나는 세금이 우리 생활을 어떻게 돕고 있는지 가끔 잊어버리기 때문이에요. 너무 익숙해서 깨닫지 못하는 것이지요. 그렇지만 실제로는 세금의 필요성과 중요함을 알고 있으면서도 세금을 내기 싫어하는 경우가 더 많답니다. 왜 그럴까요? 가장 큰 이유는 사람들이 세금 제도가 공정하지 않다고 생각하기 때문입니다. 부유층이나 사회 요직에 있는 특권층이 탈세(脫稅)를 했을 때 그에 대한 처벌이 약하거나 처벌하지 않으니까 사람들도 '세금을 꼭 내야 하나' 하는 생각을 갖게 된 것이지요.

탈세는 나랏돈을 훔치는 범죄와 같아요. 어느 대기업 회장이 세금으로 내야 하는 1,128억 원을 탈세한 일이 있었어요. 그런데 그 회장이 오랫동안 회사를 경영하면서 나라 경제에 큰 역할을 했으니 실형을 면하게 해 준다는 판결이 나온다면 어떨까요? 국내 최대 규모의 항공사 회장이 1,000억 원대의 비자금을 조성하고 탈세한 데 대해 유죄가 인정됐지만, 그간 항공 산업에 기여한 바가 크다며 역시 실형을 면하게 해 준다면요? 그래도 일반 국민은 계속 세금을 내고 싶을까요?

미국에 웨슬리 스나입스라는 아주 유명한 영화배우가 있어요. 이 배우는 왕성하게 활동하다가 2010년 이후 스크린에서 자취를 감추었습니다. 탈세를 해서 징역 3년형을 받았거든요. 재판 당시

웨슬리 스나입스는 자신의 개인 세무사가 실수로 소득이 적다고 신고해 세금을 덜 내게 됐다고 주장했지만 받아들여지지 않았어요. 그는 2013년 4월까지 감옥에서 징역을 살아야 했습니다. 앞에서 봤던, 우리나라에서 1,128억 원을 탈세한 기업의 회장과 1,000억 원대의 비자금을 조성하고 탈세한 항공사 회장은 실형을 받지 않았답니다. 최근의 일이에요.

돈을 많이 버는 사람이 세금을 덜 내는 경우에도 세금 제도가 공정하다고 생각할 수 없겠지요. 일을 해서 번 돈에는 세금을 부

미국의 주식 시장 우리나라에서는 주식 투자로 돈을 번 사람들 중 대주주가 아닌 경우에 세금 면제 혜택을 주고 있어요. 정부는 주식으로 얻은 수익에 세금을 부과하면 사람들이 주식 투자를 꺼리게 되어 기업 활동이 위축될 거라고 주장해요. 그러나 주식 시장이 가장 발달한 미국에서는 주식으로 얻은 수익에 세금을 부과하고 있고, 세계적인 투자가 워런 버핏 역시 세금 부과는 투자에 아무런 영향을 주지 않는다고 말했어요.

과하는데, 주식에 투자해서 번 돈에는 세금을 부과하지 않는다면 어떨까요? 주식 투자에는 어느 정도의 자본이 필요하므로, 주식 투자자들 중에는 비교적 부유한 사람들이 많습니다. 그 때문에 주식으로 번 수익에 세금을 부과하지 않는다면 부자에게 세금을 덜 걷게 되겠지요. 이렇게 되면 일을 해서 돈을 번 사람들은 억울하다고 생각할 것입니다.

간접세의 비율이 높아도 사람들은 불공정하다고 생각하게 돼요. 가난한 사람에게 더 많은 부담이 돌아가거든요. 간접세가 높으면 왜 가난한 사람들이 더 어려워지는지 알아볼까요? 잘 들어 보세요. 바로 우리의 이야기이니까요.

돈가스를 먹을 때마다 국세청에 가야 한다면?

중세 시대 영국에 '창문세'라는 세금이 있었어요. 지금의 우리가 보기에는 터무니없는 일 같지요? 당시에는 창문이 많을수록 부유한 집이라 보고 창문의 개수로 재산이 얼마나 되는지를 짐작해서 그에 따라 세금을 부과했다고 해요. 큰 집일수록 창문도 많을 테니까 그만큼 부유할 것이라고 생각했던 거지요.

오늘날에는 소득에 직접 세금을 부과해요. 내가 살고 있는 사회의 여러 가지 조건을 활용해 소득을 얻었기 때문에 나라에 그 일부를 세금으로 내는 것이지요. 이것을 '소득세'라고 해요. 소득세

매출전표 (고객용)

신용승인

신한카드체크
거래일시
카드번호
유효기간(년/월) : **/**
가맹점번호
승인번호
매입사 신한 (전자서명전표)

판매금액	5,000원
부가가치세	500원
봉사료	0원
합계	5,500원

가맹점명   김밥천국 ○○점
사업자번호   105-19-XXXXX
대표자명 : LI SH   TEL :
주소:서울 마포구

                    전표No
CATID :
마이신한잔여
    감 사 합 니 다   0010

영수증 우리가 구매하는 대부분의 물건에는 이렇게 부가 가치세가 붙는답니다. 대표적인 간접세이지요. 물건을 살 때마다 우리 모두는 알게 모르게 일상적으로 세금을 내고 있는 것입니다.

는 소득이 있는 사람이 직접 국세청에 세금을 내기 때문에 '직접세'에 속한답니다. 돈을 많이 버는 사람은 세금도 많이 내고, 적게 버는 사람은 세금도 적게 내겠지요?

세금을 부과하는 다른 방법도 있습니다. 간접세의 경우인데, 물건을 살 때 내야 하는 '부가 가치세'가 대표적입니다. 우리나라에서는 보통 물건 값의 10퍼센트를 부가 가치세로 내요. 식당에서 5,500원짜리 돈가스를 사 먹었다면, 식당 주인이 갖는 건 5,000원뿐이고 나머지 500원은 부가 가치세랍니다. 돈가스를 사먹을 때마다 이 500원을 국세청에 직접 갖다 내야 한다면 얼마나 불편할까요? 그래서 소비자들이 일일이 국세청에 직접 세금을 내는 대신, 식당 주인이 손님들의 부가 가치세를 모아서 한꺼번에 국세청에 납부한답니다. 이때 실질적으로 세금을 낸 사람은 돈가스를 사먹은 내가 되겠지요. 이렇게 다른 사람이 대신 내지만 실제로 내가 부담하는 세금이 간접세랍니다.

하루에 5만 원을 버는 사람이든, 50만 원을 버는 사람이든 같은 물건을 샀다면 동일한 금액의 간접세를 내게 됩니다. 5,000원의 간접세를 내야 하는 경우, 하루에 5만 원을 버는 사람에게 5,000원은 소득의 10퍼센트에 해당하는 큰 금액입니다. 그렇지만 하루에 50만 원을 버는 사람에게는 소득의 1퍼센트에 해당하는, 없어져도 잘 모를 만큼의 금액이지요. 그래서 간접세는 가난한 사람이 상대적으로 더 큰 부담올 가질 수밖에 없어요.

세금은 이렇게 납부하는 방법에 따라 직접세와 간접세로 나눠져요. 생각보다는 간단하죠? 간접세 비율이 높은 사회에서는 서민들이 소득의 상당 부분을 세금으로 내야 하지만, 부자들은 소득의 극히 일부분을 세금으로 내게 되지요. 그렇다고 간접세가 사라져야 한다는 건 아니에요. 간접세는 쉽게 걷을 수 있어서 매우 유용한 세금 제도이니까요. 다만, 직접세와 간접세의 비율을 조정할 필요가 있어요. 참고로 2010년 우리나라의 간접세 비율은 52퍼센트로 경제협력개발기구(OECD) 회원국 중 가장 높았답니다. 당시 회원국의 평균 간접세 비율은 39퍼센트였습니다.

세금 제도의 올바른 운영을 위하여

자, 이제 무엇을 해야 할까요? 우리 삶을 지켜 주는 안전망인 국가를 유지하는 데에는 세금이라는 자원이 필요합니다. 어떻게 하면 더 많은 사람이 세금의 중요성을 깨닫고, 즐거운 마음으로 세금을 낼 수 있을까요? 이렇게 거둔 세금이 국민을 위해 올바르게 쓰일 수 있도록 무엇을 해야 할까요?

우선, 모두에게 세금이 공평하게 부과돼야 합니다. 그래서 누구나 자신의 마땅한 몫을 내고 있다는 믿음을 가질 수 있어야 합니다. 이를 위해 어떤 방법이 공평한지 국민이 토론할 수 있는 장을 마련하고 그 의견을 세금 부과 기준에 반영할 수 있어야 합니다. 또한, 탈세와 같은 부정행위를 저지르면 권력과 지위에 관계없이 엄격한 잣대로 공정하게 처벌할 수 있어야 합니다.

미국에서는 기업의 탈세 사실을 신고한 내부 고발자에게 탈세액의 최대 30퍼센트를 포상금으로 지급하고 있어요. 신고자가 1,000억 원의 탈세를 고발했다면, 그중 300억 원을 포상금으로 받을 수 있는 셈이지요. 미국은 이 제도를 통해 조세 행정에 대한 신뢰를 높일 수 있었습니다.

핀란드에서는 누가 얼마나 세금을 내는지가 완전히 공개되어 있어요. 어느 기업의 사장이 세금을 얼마나 내고 있는지, 국회의원이 세금을 성실히 내고 있는지 궁금한 사람들은 누구나 쉽게 정보를 얻을 수 있답니다. 핀란드는 이렇게 세금 제도를 투명하게 운영하여 탈세를 막고 조세 행정에 대한 공정성과 신뢰도를 높이고 있어요. 국민의 대표인 국회가 대기업 총수들의 세금 납부 내역을 공식적으로 요청해도 국세청이 자료 제공을 거부하고 있는 우리나라와는 매우 대조적인 모습입니다.

세금의 중요성을 제대로 이해하고, 시민으로서의 역할을 다하겠다는 소명의식을 가지고 성실히 세금을 납부하는 태도 또한 필요합니다. 그리고 그렇게 모아진 소중한 세금이 올바르게 쓰이려면, 시민들이 세금을 어디에 사용할지 결정하는 데에도 참여할 수 있어야 합니다. '주민 참여 예산제'가 바로 그런 제도랍니다. 예산 편

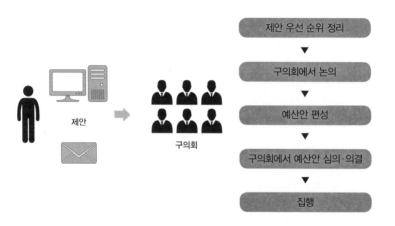

리히텐베르크의 주민 참여 예산제 독일의 리히텐베르크는 다른 지역에 비해 공공시설이 부족했던 편이라 여러 건의 개발 사업을 진행해야 했어요. 그 때문에 어떤 사업에 우선으로 예산을 배분할지를 두고 갈등이 많았습니다. 그렇지만 지난 2005년부터 주민 참여 예산제를 도입해 온라인과 우편으로 받은 주민들의 의견을 구의회에서 논의하고 개발 사업에 최대한 반영하여 갈등을 최소화하면서 문제를 해결해 가고 있답니다.

성 과정에 시민이 직접 참여하여 어떤 일에 우선적으로 얼마만큼의 예산을 사용해야 할지 의견을 제시하고, 예산이 제대로 사용되었는지 평가하는 제도입니다. 1989년 브라질의 포르투알레그레에서 시작된 이후 유럽, 아시아, 아프리카에까지 확산되어 현재 전세계 1,500여 개 도시에서 실시되고 있답니다. 우리나라에서는 2003년에 광주 광역시 북구에서 처음으로 주민 참여 예산제를 시행했고, 현재 울산, 부산, 서울, 수원 등 여러 도시로 확산되고 있어요.

이전에는 상상도 못했던 주민 참여 예산제가 우리나라에서도 부분적으로나마 시행되고 있고, 여러 시민 단체가 조세 행정을 감시하고 있는 것은 긍정적 변화입니다. 이제 이 책을 읽은 여러분이 이 작은 흐름을 큰 강물로 바꾸어 줄 테니 우리는 오늘보다 더 나은 내일을 계속해서 꿈꿀 수 있겠지요?

2장
사회안전망은
왜 필요할까

"모든 사람은 사회의 구성원으로서
사회 보장을 받을 권리를 가진다."

– 〈세계 인권 선언〉 22조

보험 하나 정도는 들어야 할 것 같아요

머리카락이 하얗게 센 노년의 배우가 나와 친절하게 설명합니다. "50세부터 80세까지 묻지도 따지지도 않고 가입시켜 드립니다. 걱정 말고 전화해서 상담받아 보세요." 나이가 많고 아픈 곳이 있어도 가입이 가능하다는 보험 광고입니다. 보험에 가입하고 싶어도 나이와 건강 상태에 따라 가입을 거부하는 보험 회사가 많기 때문에 이런 광고가 등장한 건 아닐까요?

사실, 보험 회사의 목적은 사람들이 납부한 보험료만큼의 혜택을 가입자에게 그대로 돌려주는 것이 아니에요. 가입자들이 낸 보험료로 유명 연예인을 내세워 광고도 찍고, 사업에 필요한 경비도 쓰고, 직원들 월급도 주고, 회사 이윤까지 남겨야 하지요. 그렇기 때문에 보험 회사에서는 보험료를 꼬박꼬박 납부하면서도 재해를

영화 〈식코〉 마이클 무어가 만든 다큐멘터리 영화 〈식코〉를 보면, 다양한 사례와 증언 들을 통해 민간 보험 회사들이 부당 이윤을 남겨 왔다는 사실을 알 수 있답니다. 프랑스, 영국, 캐나다 등과 의료 보험 이 민영화된 미국을 비교해서 의료 민영화의 문제점도 확인할 수 있어요.

당하거나 질병에 걸릴 가능성이 낮은 사람들만 보험에 가입하기를 바라게 됩니다.

실제로 민간 보험은 꼭 필요한 사람일수록 가입이 어려워요. 암에 걸렸던 사람은 재발 위험이 높아 암 보험이 절실하지만, 보험 회사 대부분은 가입을 거절하지요. 미국의 의료 보험 실태를 보면 잘 알 수 있습니다. 마이클 무어의 〈식코〉라는 영화를 보세요. 텔레비전 프로그램인 〈지식채널 e〉의 '식코' 편을 봐도 좋고요. 〈식코〉에는 의료 보험에 가입할 수 없었던 사람들이 나와요. 180센티미터에 몸무게가 55킬로그램인 남자와 155센티미터에 80킬로그램인 여자는 보험 가입을 거절당했어요. 너무 말랐거나 너무 뚱뚱하다는 이유에서였죠. 비싼 보험료 때문에 보험 가입을 못한 탓에 병원에 가지 못하는 사람들도 있어요. 아담은 무릎이 찢어지는 사고를 당했지만 병원비가 너무 비싸 고민 끝에 결국 상처를 직접 꿰맸어요.

보험에 가입하면 괜찮을까요? 릭은 나무를 자르다가 왼손의 중지와 약지가 절단되는 사고를 당했습니다. 그런데 병원에서는 봉합 수술이 의료 보험의 보장 범위를 넘어선다며 두 손가락 가운데 하나를 선택하라고 했어요. 중지 봉합은 6만 달러(6,500만 원), 약지 봉합은 1만 2,000달러(1,300만 원)였습니다. 릭은 결국 약지 하나만을 택할 수밖에 없었습니다. 우리는 영화 〈식코〉를 통해 엄청나게 비싼 의료비를 개인이 모두 부담하거나 민간 보험에 의존하는 사회에서 살아가는 사람들이 어떤 고통을 겪게 되는지 알 수 있어요.

최근 미국에서 의료 보험 제도의 문제들을 해결하려는 노력이 오랜 진통 끝에 결실을 맺었어요. 의료 보험 미가입자 5,000만 명 가운데 3,200만 명을 2014년까지 의료 보험에 의무적으로 가입시키는 법률이 만들어지면서 정부 재정 지원이 결정됐거든요. 그러나 빈곤층 1,600만 명은 보험료를 낼 만한 경제적 능력이 없다는 이유로 의료 보험 의무 가입 대상에서 제외됐어요. 주 정부들도 젊고 건강한 사람들에게까지 보험 가입을 강제하는 것은 개인의 자유를 침해하는 일이라며 이 법률을 반대하고 있어 시행이 그리 순탄치는 못할 듯해요.

텔레비전을 켜면 ○○화재, ○○생명, ○○상조 등의 광고를 자주 볼 수 있지요? 태어나서 죽기까지 삶의 모든 순간이 보험 시장에서 거래할 수 있는 상품이 되었거든요. 왜 사람들은 보험에 가입할까요? 2013년 현재 한국인이 평균 수명인 81세까지 산다면, 세 명 중 한 명은 암에 걸린다고 합니다. 암에 걸리면 평균 5,000만~8,000만 원의 치료비가 필요하다고 해요. 게다가 치료 기간이 길기 때문에 대부분의 환자들은 직장을 잃게 되지요. 수입이 없는 상태에서 연간 8,000만 원의 치료비가 든다면 가족의 생활은 어떻게 될까요? 사람들은 이렇게 가족의 삶을 송두리째 파괴할 수 있는 위험이 존재한다는 것을 알고 있기 때문에 보험 상품에 가입하고 매월 적지 않은 돈을 보험료로 꼬박꼬박 내는 거죠.

살면서 닥칠 위험이 암뿐일까요? 갑자기 직장을 잃게 된다면? 일을 하다가 다쳐서 걷지 못하게 된다면? 부모님이 어느 날 갑자기 돌아가신다면? 아기를 낳았는데 선천적 질병을 갖고 있다면? 이렇게까지 극단적인 가정을 하지 않더라도 인생의 어느 순간에나 불행이 닥칠 수 있습니다. 설마 나에게 그런 일이 일어날까 하면서도 다들 보험 하나 정도는 가입하고 있죠? 대체 왜 그럴까요?

전쟁터가 된 삶터

국세청이 발표한 〈2009년 기준 종합 소득세 100분위〉 자료를 보면 우리나라에서 돈을 가장 많이 버는 1퍼센트의 평균 소득은 임금 근로자 평균 소득의 26배나 된다고 해요. 그리고 이 사람들이 버는 돈은 전체 소득 총액의 22.9퍼센트나 된대요. 상위 5퍼센트의 고소득자들은 전체 소득 총액의 절반에 가까운 43퍼센트를 벌어들인답니다. 하지만 이건 소득세를 내는 사람들을 기준으로 하는 거니까 실제 소득 격차는 더 크다고 할 수 있어요. 소득이 적어서 소득세를 내지 않는 전체 임금 근로자의 40퍼센트를 빼고 계산한 것이거든요. 게다가 소득 격차는 매년 더 커지고 있어요. 이런 변화를 우리는 '양극화'라고 불러요.

시장의 자유로운 경쟁 질서에 따르면 격차가 생기는 게 당연해요. 올림픽을 보면 체급에 따라 경기를 따로 하지요? 하지만 현실

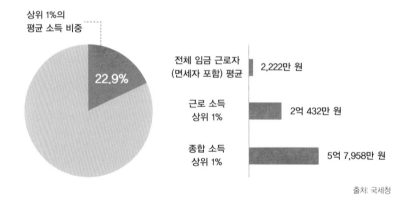

상위 1%의
평균 소득 비중

22.9%

전체 임금 근로자
(면세자 포함) 평균   2,222만 원

근로 소득
상위 1%   2억 432만 원

종합 소득
상위 1%   5억 7,958만 원

출처: 국세청

종합 소득세 100분위(2009) 일을 해서 번 근로 소득에 부동산 임대 소득, 이자 소득 등을 가진 사람들이 내는 세금을 더한 것을 종합 소득세라고 해요. 2009년 근로 소득, 종합 소득 상위 1퍼센트와 임금 노동자의 평균 소득 2,222만 원을 비교하면 각각 9.1배와 26.1배의 차이가 나요. 이를 통해 우리나라의 소득 불평등이 매우 심각하다는 사실을 알 수 있어요.

은 스포츠 시합이 아니에요. 우리 삶은 상대가 약하다고 봐주는 법이 없는 전쟁터와 같아요. 대기업과 중소기업이 아무런 규제나 제한 없이 경쟁합니다. 작은 슈퍼마켓과 대형 마트도 경쟁을 하죠. 그리고 이변이 없는 한 덩치가 큰 쪽이 이기겠지요.

실제로 대기업의 영업 이익이 늘어났을 때 중소기업의 영업 이익은 계속 줄어들었어요. 그러다 보니 대기업과 중소기업 간에 급여와 노동 환경의 질에 큰 차이가 벌어졌지요. 중소기업은 새로운 시설에 투자를 하거나 기술 개발을 할 여력을 잃었고, 노동자들에게 충분한 급여를 주지 못하게 됐습니다. 그래서 누구나 대기업의 정규직을 꿈꾸지만 그 문을 통과하는 사람들은 아주 적어요. 일을 하지만 가난을 벗어나기 어려운 사람들은 점점 더 많아지고 있고요. 부모의 가난이 자식에게까지 대물림되면 양극화는 점점 더 심해지겠지요. 실제로 부모의 소득이 자녀의 학업 성취 수준과 대학 진학에 영향을 주면서 부와 가난이 대물림되는 경우가 늘어나고 있어요.

중산층이었던 사람들이 빈곤층으로 떨어지는 경우도 많아요. 40~50대의 나이에 직장을 그만두고 치킨집, 빵집, 편의점 등을 차리고 자영업자가 된 사람들이 적지 않습니다. 그런데 이 자영업자들 요즘 장사가 너무 안 돼요. 경제 상황이 어렵기도 하고, 프랜차이즈 본사가 가져가는 이익금이 매우 많기도 하고요. 전 재산을 투자해서 연 빵집이나 편의점이 문을 닫게 되면 그다음 상황은 암

담하죠.

20~30대의 삶도 녹록지가 않아요. 혼자서는 도저히 감당할 수 없는 대학 등록금 때문이죠. 시급 5,000원(2013년 최저임금은 시급 4,860원)의 아르바이트를 해서 대학 1년 등록금 1,000만 원을 마련하려면 2,000시간을 일해야 해요. 하루 8시간씩 250일을 쉬지 않고 일해야 1년 등록금을 벌 수 있다는 이야기죠. 생활비와 책값까지 벌려면 도대체 얼마나 일을 해야 하는 걸까요? 대학 등록금을 낮은 금리로 빌려서 내는 방법도 있어요. 그렇지만 졸업한 뒤에 바로 취업이 되는 건 아니라는 함정이 있죠. 청년 실업률이 얼마나 높은데요. 잘못하면 졸업하자마자 신용 불량자가 된다니까요. 게다가 힘들게 취업을 해도 1, 2년 계약직인 경우가 많아서 등록금 때문에 생긴 빚을 갚고 생활을 이어 나가기가 쉽지 않아요.

30대가 되면 이제 결혼을 고민하기 시작해요. 문제는 부부가 함께 살 집을 구하는 일이죠. 전세를 구하기도 어렵고, 빠르게 오르는 전세금을 감당하기가 쉽지 않거든요. 아이를 낳는 것도 부담이 돼요. 양육비와 교육비 지출이 만만찮거든요. 그래서일까요? 〈2012년 세계인구현황보고서〉에 따르면 우리나라의 평균 출산율은 1.4명이래요. 조사 대상이었던 181개국 가운데 175위로 경제협력개발기구 가입국 가운데서는 꼴찌죠.

노인들도 힘들긴 마찬가지입니다. 젊은 시절엔 가난했고 부모가 돼서는 자식들을 기르느라 노후를 제대로 준비하지 못했는데, 이

제는 자식들로부터 부양받기가 어려워졌어요. 자식들 또한 정년을 일찍 맞는 경우가 많아졌고, 손자들 등록금 부담 때문에 부모님을 모시기가 힘들거든요. 10대라고 해서 편하기만 한 건 아니에요. 사는 게 얼마나 힘든지, 대졸과 고졸의 격차가 얼마나 큰지를 알고 있는 부모님들은 자녀에게 엄청난 학업 스트레스를 주고 있고, 배움은 고통이 되어 버렸죠.

포이동 266번지 서울시 강남구에서는 양재천을 사이에 두고 초고층 빌딩과 판자촌이 공존하는 모습을 볼 수 있습니다. 포이동 266번지는 우리나라에서 가장 부유한 강남구에 속하지만, 상하수도 시설이 제대로 갖춰져 있지 않아 이곳 주민들은 보일러와 화장실조차 제대로 이용할 수 없답니다.

이렇게 오늘을 살아가는 것이 쉬운 일이 아닙니다. 더욱 심각한 문제는 소득이 낮은 사람일수록 자신의 삶이 더 나아질 거란 희망조차 없다고 느끼는 점이죠. 사람들이 능력을 발휘하려고 노력하는 이유는 더 나은 곳으로 올라갈 수 있다고 믿기 때문이에요. 그래서 양극화가 심해지고 계층 이동이 불가능하다고 여기게 된다면 사람들은 열심히 일할 동기를 잃습니다. 노력하려는 마음 자체를 잃어버리는 거죠. 양극화 문제, 이대로 둬도 괜찮을까요?

삶의 불안은 어디서 비롯할까요?

사람들은 삶의 여러 순간에서 불안을 느낍니다. 여러 보험 상품에 가입하는 것도 그런 이유겠죠. 언제부터 우리는 돈을 내고 불안에 대비하게 되었을까요?

지금보다 훨씬 더 궁핍했던 때가 있었습니다. 보릿고개라는 말이 있을 정도였으니 지금과는 비교할 수 없을 만큼 가난했던 시절이었지요. 하지만 그때는 모두가 가난했어도 혼자서는 감당할 수 없는 장례나 혼례 같은 큰일이 있으면 마을 사람들이 힘을 모아 무사히 치를 수 있었어요. 1970년대 이후 산업화, 도시화가 진행되면서 사람들은 도시로 나와 노동자가 되었습니다. 가난하고 고생스러웠지만 참고 견디면 곧 잘살 수 있게 될 거라는 희망이 있었지요. 1980년대 들어서는 경제 규모가 급격히 커졌고, 중동에서 일어난 건설 붐으로 일자리가 많아졌어요. 특히 1987년의 6월 항쟁과 이후의 노력 덕분에 노동자들의 삶이 나아졌답니다. 사람들은 노력하면 성공할 수 있고, 앞으로 더욱 잘살 수 있을 거라는 기대를 갖고 있었지요. 하지만 그 기대는 1997년의 외환 위기와 함께 깨지기 시작했어요. 그때부터 국가가 주도하는 경제 정책 대신 자유로운 시장 경제가 중심이 되어야 한다는 주장이 우리나라에서도 대세가 되었지요.

혹시 세계화라는 말을 들어 봤나요? 간단히 설명하면, 세계가 마치 한 나라처럼 국경을 뛰어넘어 통합되고 있는 현상을 말해요. 세계화 과정에서는 몇 가지 특징이 나타납니다.

첫째는 '개방화'예요. 초국적 자본이나 세계 금융 시장에 나라 문을 열라는 거지요. 초국적 자본은, 국경을 뛰어넘어 전 세계를

1997	1998	2005	2012
흥농종묘 ▶	Seminis grow forward ▶	MONSANTO ▶	동부팜한농 Dongbu Farm Hannong
국내 1위 종자 회사 흥농종묘 ▶	멕시코 종자 회사 세미니스에서 흥농종묘 인수 합병 ▶	미국의 종자 회사 몬산토에서 세미니스를 인수 합병 ▶	동부팜한농에서 몬산토코리아를 인수

한국 기업을 인수한 초국적 자본 국내 종자 업계 1위였던 흥농종묘와 청양고추 종자를 개발한 중앙종묘는 1997년의 대규모 구조조정 끝에 세미니스, 몬산토에 차례로 인수 합병되었어요. 최근 동부팜한농이 몬산토코리아를 인수하면서 240여 개 작물의 종자 특허권을 되찾았지만, 청양고추를 비롯한 일부 종자에 대해서는 여전히 로열티를 지불하고 있어요. 이렇듯 1997년 외환 위기의 여파는 아직도 계속되고 있어요.

무대로 주식을 구입하거나 기업과 은행 등을 인수하는 거대한 규모의 금융 자본이에요. 우리나라에 들어와 있는 외국계 은행이나 보험 회사를 떠올리면 조금 더 쉽게 이해할 수 있을 거예요.

둘째는 다양한 규제를 없애는 '탈규제화'입니다. 기업을 경영할 때 정부가 지키도록 한 규칙이나 제도 들이 기업 경쟁력을 떨어뜨리므로 기업의 경제 활동에 정부가 개입하지 말아 달라는 거예요.

셋째는 '민영화'입니다. 지하철이나 철도, 통신과 같이 국가가 운영하던 공공 부문이나 복지 서비스를 민간 기업에 넘기는 일을 가리켜요.

마지막 넷째는 '노동 시장의 유연화'입니다. 노동자를 고용하고 해고하는 것과 관련된 규제를 없애고, 기업을 좀 더 자유롭게 경영하려는 현상을 생각하면 될 것 같아요.

우리는 이런 변화를 통틀어 '신자유주의 세계화'라고 부릅니다. 우리나라가 외환 위기를 극복하기 위해 국제통화기금(IMF)으로부터 요구받은 변화들이 모두 이런 흐름과 밀접한 관계가 있답니다.

IMF가 도대체 뭐예요?

세계 무역 거래를 안정시킬 목적으로 1945년에 세워진 국제통화기금(International Monetary Fund)을 줄여서 IMF라고 부릅니다.

우리나라는 1955년에 가입했고, 2013년 현재 188개국이 가입한 국제기구입니다.

우리나라에서 국제통화기금은 단순한 국제기구 이상의 의미를 가져요. 1997년에 우리나라 경제는 엄청난 곤경에 빠졌어요. 기업으로 말하면 부도 직전의 상황이었지요. 외국에 당장 갚아야 할 빚이 어마어마했는데, 우리나라가 갖고 있는 외환은 턱없이 부족했거든요. 어딘가에서 돈을 빌려야 했지만 부도 위기에 처한 나라에게 돈을 빌려 주는 곳은 없었어요. 어쩔 수 없이 국제통화기금으로부터 급하게 외환을 빌려야만 했죠.

국제통화기금은 돈을 빌려 주는 대신 우리나라 경제 전반을 바꾸라는 요구를 했어요. 정부의 경제 개입 금지, 은행의 이자율 상승, 한국 경제 개방 같은 것들이었죠. 우리나라는 국제통화기금에 돈을 빌리는 대가로 무역 관련 보조금을 없애고 시장을 완전히 개방해야만 했어요. 이런 변화를 통해 외국 자본이 우리나라 기업의 주식을 무한정 소유할 수 있게 되었어요. 이들은 우리나라 기업이 짧은 시간 안에 자신에게 이익을 돌려주는 일에 집중하기를 바랐어요.

금융 기관을 구조조정하는 과정에서 어떤 은행은 외국 자본에 인수됐고, 또 다른 은행들은 문을 닫거나 다른 회사와 합병됐습니다. 이 과정에서 많은 직원이 일자리를 잃었지요. 또한, 은행의 이자율이 높아지면서 기업들의 이자 부담이 엄청나게 늘어났고 많은 기업들의 경영이 어려워졌어요.

이런 상황에서 기업가들은 기업의 경쟁력을 높이기 위해서

외환 위기 1997년에 기업과 은행 들이 부실 경영으로 줄줄이 문을 닫았어요. 그 결과 엄청나게 많은 실업자가 생겨났고, 우리나라 경제는 최대의 위기를 맞았습니다.

노동자의 고용과 해고가 자유로워야 한다는 주장을 펴기 시작했어요. 물건이 안 팔려 회사가 어려운데 노동자들을 그대로 고용하면 회사가 망한다는 논리이지요. 정부까지 여기에 손을 들어 주면서 회사가 어려울 때 노동자의 고용과 해고를 자유롭게할 수 있도록 해 주었는데, 이를 '노동 유연화 정책'이라고 불러요. 그 결과 임시 계약직으로 직원을 고용하는 것도 쉬워졌죠.

국제통화기금에서 빌린 돈은 2001년에 다 갚았지만, 정부와기업들은 여전히 위기를 말하며 노동 유연화 정책을 유지하고있어요. 2013년 현재 비정규직의 비율은 전체 노동자의 34.2퍼센트에 이릅니다. 물론 이건 정부의 공식적인 발표일 뿐 노동계는 비정규직이 50퍼센트에 이르는 것으로 보고 있어요. 참고로경제협력개발기구의 평균은 25퍼센트 정도입니다.

최근 몇 년 사이에 세계화로 인한 문제가 더욱 심각해졌어요. 미국에서 부동산 시장의 거품이 꺼지면서 금융 위기가 찾아왔거든요. 하나로 묶여 있던 세계는 미국의 경제 위기에 휩쓸린 데다 남부 유럽 국가들의 재정 위기 문제까지 떠안게 됐습니다. 경제의 대외 의존도가 높은 우리나라도 수출이 줄어들면서 큰 타격을 입었어요. 물가마저 나날이 가파르게 오르니 이것저것 아껴 보지만 살림살이가 나아지지를 않아요. 사람들이 소비를 줄이다 보니 경제는 불황에 빠지게 되었지요. 상황이 금방 좋아지지 않으리라 생각하는 사람들도 많아졌어요.

경제 개방에 대처하는 다양한 자세

경제 개방과 노동 유연화 정책 때문에 비정규직이 증가하고, 소득이 양극화되는 문제가 우리나라에서만 나타나고 있는 현상은 아니에요. 물론, 우리나라가 좀 심각한 편이기는 하지만요. 우리나라의 근로 소득 격차는 경제협력개발기구 가입국 중에 멕시코에 이어 두 번째로 높거든요. 북유럽의 핀란드나 스웨덴 같은 나라도 경제 개방에 있어서는 예외가 아닙니다. 하지만 우리처럼 삶이 불안하지 않습니다. 사회안전망, 흔히 '복지'라고 부르는 다양한 제도적 보완책 덕입니다.

우리나라에도 복지가 전혀 없는 건 아니에요. 고용 보험에 가입한 노동자는 해고를 당했을 때, 다시 취업하기 위해 노력 중이라는 것을 증명하면 나이와 근무 기간에 따라 90일에서 최대 240일까지, 법정 최저 임금의 90퍼센트부터 많으면 하루 4만 원까지 실업 급여를 받을 수 있답니다. 하지만 2012년 기준으로 고용 보험에 가입하지 않은 27.7퍼센트의 노동자들은 이런 혜택을 받을 수 없습니다. 또한 실업 급여를 지급하는 기간이 짧고, 평균 지급액이 평상시 급여의 30.4퍼센트라는 점도 문제입니다. 경제협력개발기구 평균인 58.6퍼센트의 절반 수준으로, 가입국 가운데 가장 적은 액수이거든요. 그러다 보니 우리나라에서는 한번 해고당하면 끝이라는 인식이 강해요. 3~8개월 이내에 재취업이 안 되면 문제가 심각해집니다. 아이들 학비며 전기 요금, 도시 가스 요금, 전화요금 등 고정적으로 지출하는 금액이 만만찮기 때문이에요.

핀란드를 비롯한 북유럽 나라들은 상황이 좀 달라요. 핀란드에서도 평생직장 개념은 사라졌지만 대신 평생 직업이 있습니다. 직업 교육을 평생 받을 수 있거든요. 물론 우리나라에서도 특성화 고등학교에서 직업 교육을 받을 수 있어요. 하지만 둘 사이에는 큰 차이가 있답니다. 핀란드의 직업학교는 고등학생부터 성인까지 함께 다닙니다. 교육비와 실습비가 무료이기 때문에 나이에 관계없이 누구나 원하는 직업 교육을 마음껏 받을 수 있죠. 게다가 핀란드 정부에서는 직업 교육을 받는 성인에게 보조금을 지급해요. 이 보조금으로 집세를 내도 되고, 대출금을 갚거나 생활비로 써도 괜

핀란드 직업학교　핀란드의 옴니아 직업학교에서는 유명 디자이너와 함께 가구를 만들기도 하고, 학생들이 실습용으로 만든 집을 실제로 분양하는 등 실제 현장에 가까운 직업 훈련을 받을 수 있답니다. 우리나라와 달리 핀란드에서는 40퍼센트가량의 중학생이 직업 교육을 선택하고, 성적보다는 적성이 직업학교 입학에 더 중요한 요소라고 하네요.

찮아요. 국가의 지원 덕분에 사람들은 새로운 직업 생활에 필요한 기술을 충분히 익힐 수 있답니다.

　덴마크에서도 해고와 고용이 자유롭지만, 사람들은 해고되고 새 일자리를 구하기까지의 시간을 인생의 휴식기라고 느낀다고 해요. 기업이 원하는 수준의 기술 숙련도나 지식을 갖출 때까지 배움의 기회가 계속 제공되니까요. 최장 4년간 평균 소득의 90퍼센트에 이르는 실업 급여를 받으면서 말이지요. 핀란드와 덴마크에서는 왜 이렇게까지 국민을 도울까요? 모든 국민이 자신의 적성에 맞는 일을 찾아서 평생 즐겁게 하도록 돕는 것이 국가의 발전에 도움이 되고 개인의 삶도 행복해지는 길이라고 믿기 때문은 아닐까요?

선별적 복지 vs 보편적 복지

핀란드와 덴마크의 사례를 보면서 '아! 정말 좋다.' 하고 생각했나요? '우리나라도 저렇게 하면 안 되나?' 하고 바라게 되었나요? 복지 정책이라고 하면 국가가 국민의 인간다운 삶을 보장하기 위해 시행하는 제도들을 흔히 떠올려요. 그렇지만 인간다운 삶을 어떻게 보장하느냐에 따라 복지의 형태는 얼마든지 달라질 수 있죠.

국가가 은혜를 베풀 듯 어려운 사람들만 선별해서 혜택을 주는 방법이 있습니다. 이것을 '잔여주의 선별적 복지'라고 불러요. 1997년 외환 위기 이후 양극화가 진행되면서 복지 서비스를 절박하게 필요로 하는 사람들이 많아졌어요. 사회적 약자에게도 인간다운 삶을 보장해야 한다는 목소리가 높아지면서 우리나라에서도 〈국민기초생활 보장법〉이 제정되는 등 잔여주의 선별적 복지가 확산되기 시작했어요. 상당한 진전이죠. 하지만 하위 소득 3퍼센트의 국민을 선별한 뒤, 4인 가족 기준으로 150만 원 남짓의 보조금을 지원해 주는 것이 과연 제대로 된 사회안전망일 수 있을까요?

게다가 이렇게 시혜적인 복지 제도는 받는 이의 자존감에 상처를 줘요. 그래서 단순히 물질적, 금전적 혜택만을 제공하는 것이

아니라 삶을 헤쳐 나갈 역량을 기를 수 있도록 돕는 정책이 필요
하죠. 부모의 경제 사정이 좋지 못하더라도 아이를 낳아서 키울
수 있고, 그 아이들이 충분한 교육을 받을 수 있도록 하거나, 여성
들이 결혼을 해서 아이를 낳고 난 뒤에도 사회에서 능력을 발휘할
수 있도록 돕고, 장애가 만든 차이를 극복하고 경제적으로 독립적
인 삶을 지속할 수 있도록 돕는 활동 보조 서비스 같은 복지 제도
가 필요해요.

　이런 혜택을 국민 모두가 동등하게 누릴 수 있어야 해요. 우리는

장애인 이동권　장애인도 비장애인과 동등하게 불편함을 겪지 않고 이동할 권리가 있어요. 이를
'장애인 이동권'이라고 말합니다. 거리의 높은 턱, 휠체어가 오를 수 없는 버스, 육교나 지하도처럼
장애인의 자유로운 이동을 방해하는 시설물들이 우리 주변에 아주 많아요. 최근에는 장애인 이동
권을 보장하기 위해 저상 버스와 장애인 콜택시를 늘려야 한다는 목소리가 커지고 있어요.

이를 '보편적 복지'라고 부르죠. 예를 들면, 가정 형편이 어려운 학생에게만 장학금을 주거나 저금리 대출을 해 주는 방식이 아니라 전 교육 과정에 필요한 학비를 무료로 하는 거죠. 실제로 독일, 스웨덴, 네덜란드 등 영국을 제외한 유럽 대부분의 나라에서는 대학까지 학비가 무료예요. 대학 진학률이 30~40퍼센트에 지나지 않아 가능한 측면도 있지만, 기본적으로 원하는 사람은 누구나 교육을 받을 수 있도록 해야 한다는 철학이 반영된 정책이죠. 보육비 역시 저소득층만이 아니라 자녀를 둔 모든 가정에 지급돼요. 프랑스에서 아이를 낳은 유명한 영화배우 안젤리나 졸리도 양육 보조금을 받는다고 해서 화제가 되기도 했죠.

혹시 복지 비용이 많이 들까 봐 걱정이 되나요? 복지 예산이 늘어나면 정부의 재정 지출 부담이 커지고 세금도 많이 내야 한다며 복지 확대를 반대하는 사람들이 있습니다. 예산이 부족하니까 상황이 매우 어려운 사람을 선별해서 먼저 지원해 줘야 하지 않겠냐고 주장하는 사람들도 있습니다. 그러나 선별적 복지 정책이 실시되면 저소득층에게만 혜택이 돌아가고 상대적으로 많은 세금 부담을 안고 있는 중산층에게는 아무런 혜택이 없습니다. 이런 상황이 계속되면 복지 자체를 없애자는 주장이 점점 힘을 얻게 될 것입니다. 하지만 복지 제도가 없어지면 개인의 삶이 바닥으로 추락했을 때 이를 막아 줄 보호막이 사라지게 될 거예요. 그래서 보편적 복지를 주장하는 사람들은 좀 더 많은 사람에게 복지 혜택을 주고 복지에 공감할 수 있는 기회를 늘리자고 말합니다.

물론, 세금을 더 많이 낼 수는 있습니다. 하지만 세금을 더 내는 대신 자녀의 대학 학비가 무료라면, 자녀 양육에 필요한 비용을 나라에서 보조해 준다면, 삶의 많은 부분을 국가가 책임져 준다면 꽤 괜찮지 않을까요? 국민의 인간다운 삶을 보장하는 국가라면 부유하든 가난하든 간에 누구나 아플 때 병원에서 치료받을 수 있고, 나이가 들어 일을 하기 어려울 때에도 어느 정도의 생활 수준을 유지할 수 있도록 도와야 하지 않을까요?

마중물과 같은 복지 비용

펌프로 물을 끌어 올리려면 먼저 한 바가지 정도의 물을 부어 주어야 합니다. 그 물을 '마중물'이라고 불러요. 한 바가지의 물을 부어 주면 많은 물을 데리고 올라오거든요. 복지 비용은 바로 이 마중물과 같은 역할을 해요.

"복지 제도가 확대되면 가만있어도 나라에서 다 먹여 살려 주니 사람들이 게을러진다. 모든 국민에게 막 퍼 주면 엄청난 비용이 들어 경제가 어려워진다. 그러니까 복지를 줄여야 한다." 하고 주장하는 사람들도 있습니다.

복지 제도를 시행하는 과정에서 부작용이 생길 수도 있어요. 대표적으로 '해먹 문제'가 있습니다. 국가에서 나오는 실업 수당을 받

무상 급식 무상 급식 문제는 우리나라의 복지 논쟁에 불을 붙였어요. 무상 급식에 반대하는 사람들은 예산 낭비라면서 형편이 어려운 학생에게 선별적으로 혜택이 돌아가야 한다고 했습니다. 찬성하는 사람들은 중학교까지 의무 교육으로 정하여 교육받을 권리를 보장하는 만큼, 급식 또한 국가가 책임져야 한다고 주장했습니다. 현재 중학교까지 무상 급식이 확대되었지만 여전히 논쟁의 불씨는 남아 있습니다.

으며 하루 종일 해먹에 누워서 잠만 자는 사람들이 생기는 현상을 가리키는 말이에요. 그렇지만 '해먹 문제'가 있다고 해서 실업 수당을 없애야 할까요?

최대 4년까지 실업 수당을 받을 수 있으니 덴마크 사람들은 그 기간 동안 해먹에 누워 잠만 잘까요? 이들에게는 일자리를 잃었을 때 실업 수당을 받을 권리와 함께 취업 활동을 해야 하는 의무가 있어요. 그래서 취업 노력이 부족하면 실업 수당을 받을 자격을 잃게 됩니다. 그 덕분에 덴마크에서는 실업자의 90퍼센트가 1

년 안에 재취업에 성공하고 있고, 1993년에 12퍼센트였던 실업률이 2000년에는 5퍼센트로 떨어졌답니다.

실업 수당 제도는 개인뿐만 아니라 경제 전반에 긍정적인 영향을 줍니다. 덴마크에서는 기업이 해외에 공장을 건설하거나 정리 해고를 하더라도 노사 간에 격렬한 갈등이 발생하지 않습니다. 노동자들은 실업 수당 등 국가의 도움을 받아 어렵지 않게 재취업할 수 있다는 믿음을 갖고 있거든요. 이를 통해 기업은 경영의 자유를 보장받고 새로운 산업 구조에 유연하게 적응하여 경쟁력을 높일 수 있습니다. 현재 덴마크는 세계에서 가장 기업하기 좋은 나라인 동시에 직업 만족도가 가장 높은 나라입니다. 복지 제도를 통해 노동자의 삶을 보장하면서 국가 경쟁력을 높일 수 있었던 거죠.

경제적으로 부유한 사람이 어려운 사람들을 내려다보며 돈을 주는 복지는 수혜자가 자신을 무능하다고 여기게 하고 스스로를 존중하지 못하게 만듭니다. 하지만 모든 사람이 동등한 기회를 누릴 수 있도록 하는 보편적 복지가 성공하면, 사람들의 건강과 교육 수준이 높아져서 새로운 사회 변화에 더 쉽게 적응할 수 있어요. 더 많은 사람이 노동 현장에 참여하게 되고, 생산의 효율성도 높아져요. 복지 제도가 잘 운용될수록 사람들은 자신의 능력을 발휘할 기회가 늘어나고, 자신의 역할을 잘 해낼 수 있다고 믿기 때문에 타인을 존중하고 신뢰하게 되죠. 이런 변화들은 장기적으로 국가의 안정적인 성장에 도움이 될 거예요.

우리나라는 국민 소득이 적기 때문에 선진국과 같은 수준으로 복지에 투자할 수 없다는 주장도 있습니다. 스웨덴은 1977년에 국민 소득 1만 달러를 넘기면서 소득의 27.8퍼센트를 복지 비용으로 지출했어요. 경제협력개발기구에 가입한 다른 나라들은 국민 소득이 1만 달러가 되었을 때 복지 비용으로 소득의 18.7퍼센트를 썼지만, 우리나라는 8.7퍼센트만을 사용했죠. 우리나라는 정말로 복지에 사용할 재원이 부족한 걸까요? 우리가 꿈꾸는 사회는 무엇인지, 그리고 그것을 이루기 위해 어떤 선택을 할 것인지가 중요합니다. 여러분이 바라는 사회는 어떤 모습인가요?

3장

경쟁은 언제나 효율적일까

"경쟁이 낳는 비극 중 하나는,
타자의 불행을 자기 행복의 기초로 삼는 일이다.
경쟁이 낳는 최대 비극은,
서로 경쟁하는 가운데 모두 공멸한다는 점이다.
스스로 의식하지 못하는 사이에."

– 강수돌, 《팔꿈치 사회》

친구들이 사라지다

3월이 되면 새 학년을 맞아 새로운 친구들을 만납니다. 우리 반에서 누가 공부를 가장 잘하는지, 축구 잘하는 애들은 얼마나 있는지 친구들을 살핍니다. 그러면서 자신과 비교해 보게 되죠. '아! 공부 잘하는 애들이 너무 많잖아. 반 등수 안 나오겠다.' 하는 생각도 한번쯤 할 테고요. 곧이어 찾아온 수행 평가 시즌, 모둠별 과제를 하고 있는 모습을 상상해 볼까요? 누가 더 잘하는지 따져 보고 어떤 친구와 같은 모둠이 되고 싶다고 생각합니다. 어떤 친구는 모두가 피하는 폭탄 취급을 받기도 합니다. 아무리 친한 친구라고 하더라도 다른 모둠에 속하게 되면 비밀 유지는 필수지요. 어떻게 하면 다른 모둠보다 잘할 수 있을지 모두 고민합니다.

이렇듯 우리의 학교생활은 수많은 경쟁에 노출되어 있어요. 졸업을 하고 사회에 나오면 우리가 겪어야 하는 경쟁은 더욱 심해지지요. 경쟁에서 지면 이긴 사람을 질투하거나 미워하는 마음을 갖게 됩니다. 신기한 일은 경쟁에서 이겨도 마음이 편하지만은 않다는 거예요. 친구를 패배자로 만든 것에 대해 미안한 마음을 갖게 되거나 혹은 친구가 나를 미워하게 될까 봐 불안해지지요. 수많은 경쟁 속에서 결국 우리는 혼자가 됩니다.

100미터 달리기에서 좋은 기록을 내는 방법

경쟁이 존재한다는 건 '닫힌 사회'가 아니라는 증거이기도 합니다. 닫힌 사회에서는 자신의 노력으로 얻을 수 있는 것이 거의 없어요. 폭넓은 경쟁이 존재한다는 건 개인의 노력으로 사회적 지위와 권력, 부를 얻을 가능성이 있는 '열린 사회'라는 사실을 뜻합니다. 신분제 사회에서 노예는 주인과 경쟁할 수 없었습니다. 주어진 환경에서 정해진 역할을 수행하며 살아갈 뿐 열심히 노력하는 것은 아무 의미가 없었지요. 그러나 지금은 누구든 경쟁에 참여하여 자신의 능력을 발휘할 수 있습니다. 경쟁이 성립할 수 없던 시대에 태어났더라면, 여러분 중 누군가는 이 책을 읽을 기회조차 갖지 못했을지도 모릅니다. 경쟁에는 이런 중요한 의미가 담겨 있습니다.

경쟁의 장점을 100미터 달리기 시합에서도 발견할 수 있습니다. 우리는 달리기 시합에서 혼자 달릴 때보다 옆에서 경쟁자가 함께

달리기 혼자서도 열심히 달릴 수 있지만, 옆에 경쟁하는 친구들이 있다면 더욱 빨리 달릴 수 있습니다. 하지만 옆 친구가 출발 신호 전에 먼저 달려 나갔는데도 혹은 달릴 때 팔꿈치로 나의 옆구리를 팍팍 치는데도 심판이 반칙 선언을 하지 않는다면 달릴 의욕이 생기지 않겠지요.

달릴 때 보통 더 좋은 기록을 냅니다. 경쟁자를 보면서 나태해지는 자신을 돌아볼 수 있고, 의지를 다잡으며 스스로를 단련하는데 최선을 다하게 됩니다. 이것은 자본주의가 현대 사회의 풍요로움을 만들어 낸 방법이기도 합니다.

경제학의 아버지 애덤 스미스는 이런 말을 했습니다. "우리가 맛있는 저녁 식사를 먹을 수 있는 건 정육업자, 양조업자, 제빵사 들이 자비로워서가 아니라, 그들이 자신의 이익을 추구하기 때문이다." 생산자들이 더 많은 이익을 거두기 위해 더 맛있는 빵을 만들려고 경쟁한 결과, 우리는 오늘 저녁 식사에서 어제보다 더 맛있는 빵을 먹을 수 있는 것이지요. 이처럼 경쟁은 기술을 더 빠른 속도로 발전시킵니다. 휴대 전화는 스마트폰으로 진화한 지 오래고, 기업들은 소비자의 선택을 받기 위해 더 멋진 디자인, 더 뛰어난 기능을 갖춘 스마트폰을 만들려고 경쟁하고 있지요. 지금 우리가 누리는 풍요로움은 자유로운 경쟁을 기본으로 하는 자본주의에 힘입은 바가 큽니다.

자유로운 경쟁의 조건

달리기 경주를 합니다. 출발선에 나란히 선 경쟁자들 가운데 한 사람이 부정 출발을 해 버립니다. 이길 가능성이 가장 높은 사람은 누구일까요? 여기서 우리는 경쟁의 속성을 알 수 있습니다. 일단은 규칙을 어긴 사람이 규칙을 지키고 윤리적으로 행동하는 경쟁자를 누르고 이길 가능성이 높다는 것입니다. 부정 출발을 한 참가자에게 제재를 가하지 않으면 대회는 엉망진창이 되겠지요? 달리기 경주가 잘 운영되려면 참가자가 규칙을 잘 지키려고 노력하는 동시에 다른 참가자도 규칙을 잘 지키리라는 믿음이 필요합니다.

자본주의가 주장하는 자유로운 경쟁도 마찬가지입니다. 자기 이익만을 경쟁적으로 추구하는 사람들을 방치해 놓으면 자본주의 역시 지속될 수 없습니다. 그렇다면 반칙의 유혹이 난무하는 경쟁 속에서 자본주의는 어떻게 번영할 수 있었을까요? 그것은 자본주의가 시작된 시기에 살았던 사람들이 반칙은 나쁜 것이라는 생각을 갖고 있었기 때문입니다. 이러한 신념과 공동체의 관습 덕분에 경쟁에 참여한 사람들의 반칙을 막을 수 있었던 것이지요. 그런데 문제는 초기의 이러한 신념들이 오늘날 점점 사라져 가고 있다는 것입니다. 약간의 반칙은 능력처럼 여겨지기도 하는 도덕 불감증의 시대, 어디로 향하는지도 모른 채 이기는 것에만 관심을 둔 사회에서 경쟁은 본연의 효율성을 달성할 수 없을 뿐만 아니라 우리 모두를 불행하게 만듭니다.

어느 회사가 이윤을 더 남기려고 폐수를 강에 버리는 경우를 생각해 볼까요. 당장 회사의 이익이 좀 더 커질지는 몰라도 결국에는 우리 모두가 더러운 물을 마시게 됩니다. 원칙 없는 경쟁이 가져온 불행한 결과이지요.

공정하지 못한 경쟁은 심각한 불평등을 가져오기도 합니다. 불평등은 그 자체로도 심각한 문제이지만, 또다시 불공정한 경쟁으로 이어져 불행을 악순환시킨다는 점에서 더 큰 문제입니다. 토니 주트가 쓴 책《더 나은 삶을 상상하라》에 따르면, 1968년에 미국 제너럴 모터스 최고 경영자의 소득은 일반 노동자의 66배였어요. 그러나 2005년에 미국 월마트 최고 경영자는 월마트 일반 노동자 임금의 900배에 달하는 돈을 벌어들였습니다. 그해 월마트 창업자 일가의 총 재산은 900억 달러로 추산되었는데, 이는 미국의 하위 40퍼센트에 해당하는 1억 2,000만 명의 총소득과 맞먹는 거액이었습니다.

월가 점령 시위 2007년에 미국의 상위 1퍼센트가 미국 전체 부의 42퍼센트를 소유하고 있는 반면 하위 50퍼센트는 0.5퍼센트의 금융 자산을 갖고 있는 것으로 조사됐어요. 금융 위기로 인해 미국 경제가 침체되고 실업률이 급증하면서, 1퍼센트의 자본가들만이 막대한 이득을 누리는 것을 비판하는 시위가 2011년 월스트리트에서 시작되어 전 세계로 확산됐습니다.

2012년 10월 4일 자 《중앙일보》 기사를 보면, 2010년 미국 가계의 소득 증가분 중 93퍼센트를 상위 1퍼센트의 부자들이 차지했다고 해요. 불평등이 얼마나 심각해졌는지 짐작이 가죠? 미국의 세대 간 계층 이동 가능성은 줄어들었고 질병이나 불안, 사망률, 신뢰와 같은 모든 지표가 나빠졌어요. 그래서 미국은 엄청난 부를 갖고 있고 세계에서 가장 많은 의료비를 쓰고 있음에도 불구하고 기대 수명이 유럽에서 가장 가난한 나라인 보스니아보다도 낮은 수준이랍니다.

우리나라는 어떨까요? 2012년 9월 13일 자 《헤럴드 경제》 기사를 보면, 2012년에 삼성전자 등기 이사의 평균 연봉은 1인당 109억 원이었습니다. 당시 시급으로 4,580원을 받았던 최저 임금 노동자들 연봉의 1,200배에 달하는 금액입니다. 우리가 공정한 경쟁 상태, 똑같은 출발선 위에 있다고 말할 수 있을까요? 과연 자유로운 경쟁이 이루어지고 있는 걸까요?

효율성의 함정

자유로운 경쟁이 효율성을 증가시킨다는 말은 어떤 면에서는 맞지만 또 한편으로는 잘못됐습니다. 경쟁에서 이기는 것이 목표인 사람은 최선을 다하기보다는 남보다 조금 더 나아지는 것에 만족하게 되기 때문이지요. 이런 사람들로 가득한 사회가 최선의 결과를

시험 보는 날 시험지를 마주하는 순간 어떤 기분이 드나요? 이번에는 기필코 시험을 잘 보겠다며 열심히 공부했지만 시험을 망칠까 봐 걱정이 됩니다. 1등부터 꼴찌까지 한 줄로 세우는 시험에서는 내가 잘해도 다른 친구가 나보다 더 잘하면 아무 소용이 없기 때문이죠. 다른 친구들이 좀 더 틀렸으면 하는 바람도 가져 봅니다. 경쟁이 치열한 상황에서 친구의 불행은 곧 나의 행복이 되죠.

만들어 낼 수 없는 것은 매우 당연한 이치입니다. 경쟁자를 이길 만큼만 노력하면 되니까요. 또, 이길 가능성이 적다고 생각하면 어떤 일을 포기해 버리기 쉽습니다. 스스로 조금 더 나아지는 것에 의미를 두지 않으니까요. 이런 사람들이 많은 사회가 얼마나 발전할 수 있을까요?

사실 경쟁 구조에서 사람들은 대부분 패배하게 됩니다. 구조 자체가 한 명의 승리자와 많은 패배자를 만들어 내거든요. 오디션 프로그램에 몇 만 명의 지원자가 도전했지만 최종 승리자는 단 한 명뿐인 것처럼 말입니다. 패배를 겪게 되면 우리는 상실감을 느낍니다. 조금 창피하기도 하고요. 실패했다는 사실을 받아들이는 과정에서 자신감을 잃고, 자신의 실력이나 능력에 의심을 품게 되기도 합니다. 다음번에도 실패할 것만 같고, 실제로 실패하면 더 큰 상처를 입게 됩니다.

한 명의 승리자와 다수의 패배자를 만들어 내는 경쟁 구조. 그러나 그 한 명의 승리자도 안도할 겨를이 없습니다. 끊임없이 또 다른 경쟁 상황에 놓이게 되거든요. 경쟁의 부작용은 평온을 깨는 데서 그치지 않아요. 자본주의 경제가 효율성을 추구하며 생산성을 높인다고 하지만, 자본을 투자해서 얻을 수 있는 수익이 점점 낮아지는 경우도 있죠.

예를 들어 볼까요? 김씨는 퇴직금을 몽땅 투자해 치킨집을 열었습니다. 깨끗한 매장 인테리어와 비법 양념 덕분에 손님들이 몰려 왔지요. 그런데 얼마 후 근처에 박씨가 또 다른 치킨집을 열었습니다. 개업 당일에는 '1+1 행사'까지 했어요. 그날 김씨네 치킨집엔 손님이 거의 없었지요. 박씨네 치킨집이 생기고 줄어든 매출은 그 후로도 나아질 기미가 안 보였습니다. 엎친 데 덮친 격으로 근처에 치킨집이 하나 더 생겼습니다. 결국 김씨는 투자금도 회수하지 못한 채 가게 문을 닫아야 했습니다.

실제로 우리 주변에는 이런 식으로 한 동네에서 여러 개의 치킨집이 경쟁하고 있습니다. 그러다 보니 업계 전체가 얻을 수 있는 투자 대비 수익은 계속해서 줄어들고 있지요. 이 과정에서 소비자는 더 낮은 가격으로 더 맛있는 치킨을 먹을 수 있으니 효율적이라고 할 수 있을까요? 겉으로는 그렇게 보이지만 내부 사정을 보면 꼭 그렇지만도 않아요. 아르바이트생에게 최저 임금도 안 되는 보수를 주면서 일을 시키거나, 튀김 기름을 여러 번 사용해서 이윤을 남기곤 하는 사례들이 대표적이지요. 그렇게 해도 수많은 치킨집이 투자금을 날리고 결국 문을 닫게 됩니다. 극심한 경쟁은 이렇게 자본을 낭비하게 만들기도 합니다.

레밍 딜레마

단순한 일을 할 때 더 빨리, 더 많이 하는 사람에게 더 큰 보상을 주겠다고 하면 다들 엄청난 속도로 일을 하게 됩니다. 그러나 일이 끝난 뒤 나오는 결과물은 부실할 가능성이 높습니다. 빨리하려다 보니 실수도 하고 정성이 덜 들어가기 마련이거든요. 게다가 경쟁은 불안감을 높입니다. 그래서 복잡하고 어려운 일을 경쟁적으로 하면 오히려 생산성이 떨어집니다. 이럴 때는 최대한 느긋한 마음으로 일을 하는 편이 더 도움이 되지요. 그리고 대체로 어려운 과제는 상대방보다 먼저 풀겠다며 각자 경쟁하는 것보다 서로의 생각을 모아서 함께 해결하는 편이 더 나을 때도 많습니다.

어떤 일을 경쟁적으로 할 때 활력이 넘치고 더 열심히 할 수 있을 것처럼 느껴집니다. 그러나 승패를 넘어서 일 자체의 즐거움을 느낄 수 있다면 얼마나 좋을까요? 학급 대항 축구를 할 때 혹시 이기는 것에 너무 집착한 나머지 경기에 지고 난 뒤에 친구들끼리 싸워 본 적 없나요? 축구는 열심히 했는데 져서 짜증이 났다면, 내가 축구를 한 그 시간은 무슨 의미가 있는 걸까요? 우리는 승패가 갈리는 시합이 아니어도 친구들과 재미있게 축구를 할 수 있습니다. 다른 나라의 언어로 된 글을 읽고 이해할 수 있다는 기쁨에 영어 공부를 하기도 합니다. 경쟁이 우리를 더 열정적으로 만들기도 하지만, 우리는 경쟁을 하지 않아도 활력이 넘치고 어떤 일에 충분히 매진할 수 있는 존재입니다.

북유럽에 사는 레밍(lemming)이라는 들쥐를 알고 있나요? 이 쥐들은 1년에 한 번씩 죽음의 질주를 벌인답니다. 원래 들쥐에게는 무리를 지어 뛰는 습성이 있는데, 몇몇 쥐들이 뛰기 시작하면 다른 쥐들도 덩달아서 뛰는 거지요. 무리를 지어 뛰는 쥐들을 보고 또 다른 쥐들도 덩달아 이 무리에 합류하고, 그러다 보면 엄청난 들쥐 떼가 질주하는 광경을 볼 수 있다고 합니다. 선두에 있는 쥐들이 뛰니까 뒤에 있는 쥐들은 왜 뛰는지 이유도 모른 채 따라 뛰고, 앞에 있는 쥐들은 뒤에서 다른 쥐들이 쫓아오니까 더 빠른 속도로 뛰게 되지요. 그러다가 결국 절벽에 이르러서도 멈추지 못하고 함께 뛰어내리게 되는데, 이 상황을 가리켜 '레밍 딜레마'라고 한답니다.

어쩌면 우리는 그동안 레밍처럼 달려왔는지도 모릅니다. 경쟁에서 이겨야만 한다고 생각하도록 길들여져 있었지요. 이제 잠시 멈추고 한번 생각해 보는 건 어떨까요? 왜 달려야 하고, 어디로 달려가야 하는지 잘 생각해 보고 그 답을 기억하며 달려야겠습니다. 그래야 멈추어야 할 때를 알 수 있을 테니까요.

4장

정의란 무엇인가

"모든 학문과 기술의 궁극적인 목적은 선이다.
모든 학문과 기술의 으뜸인 정치의 선은 정의다.
정의는 특정한 사물을
평등한 사람에게 평등하게 분배하는 것이다."

– 아리스토텔레스, 《정치학 3》

그 사람은 마땅한 몫을 가졌을까?

우리나라 어느 기업의 대표는 불법 탈세를 통해 부당 이익을 챙겼
습니다. 법원에서는 그의 행위가 유죄이긴 하지만, 그동안 경제 발
전에 이바지한 바가 크고 앞으로 기업의 성장에 더욱 힘쓰라는 의
미에서 벌금과 집행 유예 처벌을 내렸어요. 또 다른 사례를 볼까
요? 미국의 경제지 《포춘》으로부터 '가장 혁신적인 기업'이라는 극
찬을 받았던 미국의 엔론(Enron)은 2000년에 매출액이 1,008억
달러(112조 원)에 이르렀으며, 2만여 명의 직원을 뒀을 정도로 거
대한 에너지 기업이었어요. 그런데 이 회사는 이듬해 2001년에 파
산했어요. 엔론의 최고 경영자였던 스킬링은 회계 부정과 탈세로
24년 4개월 형을 받았죠. 피해자들에게 배상금을 지급하기 위해
4,500만 달러(500억 원)도 몰수당했어요. 두 가지 사례를 보면서

청소 노동자의 외침 2011년 1월, 홍익대학교 청소 노동자들이 학교의 부당 해고에 맞서 싸움을 시작했습니다. 청소 노동자들은 49일간의 투쟁을 통해 복직할 수 있었고, 비슷한 환경에서 일하는 노동자들의 고용 구조와 처우에 대한 사회적 관심을 불러일으킬 수 있었습니다.

어떤 생각을 했나요? 우리나라 기업의 대표와 엔론의 스킬링은 각자 마땅한 대가를 치른 것일까요?

이 경우는 어떤가요? 홍익대학교 청소 노동자들은 최저 임금도 안 되는 급여와 식대로 700원을 받는 열악한 근무 조건, 언제 해고될지 모르는 불안정한 상황 속에서 일하고 있었어요. 이들은 정당한 대우를 받은 것일까요?

우리는 누군가가 부당하게 이익을 챙기거나, 자신의 행위에 마땅한 몫을 제대로 받지 못했거나, 누군가가 응당 치러야 할 대가를 제대로 치르지 않은 사례를 접하게 되면 어딘가 불편함이 느껴져요. 이러한 불편함을 느끼는 것, 마땅한 몫인가에 대한 의문을 가지는 것은 '정의'와 관련이 있어요. 철학자 아리스토텔레스는 "정의란 각자에게 응분의 몫을 주는 것"이라고 말했지요.

케이크를 공정하게 나누어 먹는 방법

선생님 모둠별 퀴즈 대회에서 우승을 한 모둠, 축하해요. 상품으로 맛있는 케이크를 주겠어요. 단, 한 가지 조건이 있어요. 이 케이크를 다섯 명이 최대한 공정하게 나누어 먹고 어떻게 나누었는지를 다음 시간에 소개해 주세요.

선　재　와, 내가 좋아하는 초콜릿 케이크다! 맛있겠다!

동　우　우리 다섯 명이 이걸 어떻게 나눠 먹지? 선생님이 말씀하신 '공정하게' 나누어 먹는 방법은 뭘까?

수　연　음, '공정하게'란 말이지. 서로 불만이 남지 않도록 나누어 먹으라는 것 아닌가?

동　우　불만이 안 생기려면 케이크를 똑같이 나누면 되지 않을까?

다　예　우리 모둠이 퀴즈 대회에서 이기기까지 좀 더 중요한 역할을 한 사람이 있지 않아? 그런 사람 입장에서는 무조건 케이크를 똑같이 나누는 게 불만일 수도 있지. 솔직히 우리가 우승할 수 있었던 건 다른 모둠과 아슬아슬한 점수 차가 난 순간에 문제 하나를 더 맞힌 덕분이라고. 그 결정적 상황에서 정답을 말한 내가 좀 더 많이 먹어도 되지 않겠냐? 하하하.

수　연　네가 중요한 순간에 문제를 맞힌 건 인정하지만, 우리 모둠의 승리가 그것 때문에 결정된 건 아니라고 봐. 우리 모두 정해진 순서에 따라 퀴즈를 풀었던 거고, 자기 차례에 어떤 문제가 나오는지는 운도 작용하는 거잖아. 쉬운 문제가 나와서 잘 맞힌 사람도 있고 하필 어려운 문제에 당첨돼서 틀린 사람도 있는데, 그렇다고 틀린 사람이 노력을 안 한 건가? 그리고 다른 모둠과 치열한 접전을 벌이게 된 건 우리가 함께 이룬 결과라고.

민　석　뭐가 이렇게 복잡하냐? 모르겠다. 일단 케이크를 적당히 나눠 놓고 덩치가 큰 순서대로 먼저 고르게 하자. 어때? 체격이 먹는 양에 비례하지 않을까?

선　재　야! 그건 아니지. 지금 나 작다고 무시하는 거냐? 오해하지 마라. 이래 봬도 강호동 못지않게 잘 먹는다고! 덩치순으로 하면 내가 가장 적은 몫을 가지게 될 게 뻔한데. 난 반대야. 공정하지 않아. 이건 불공정해도 너~무 불공정해!

동 우 자, 그럼 정리해 보자. 우리 중에 다른 사람보다 적게 먹고 싶거나 양보할 마음이 있는 사람?

모 두 없어! 아무도 없어.

다섯 명의 학생이 상품으로 받은 케이크를 어떻게 나눠 먹으면 좋을까 고민하고 있네요. 교실에서 케이크를 나누는 것도 이렇게 어려운데 하물며 우리 사회는 어떨까요? 사회 활동 기회, 경제력, 정치권력 등을 사회 구성원들이 나누어 가지는 분배 문제는 다섯 명의 모둠원이 케이크를 나누어 먹는 것보다 훨씬 더 어렵고 복잡하지요. 모든 사람이 공정하게 나누어 가지면 좋겠지만 우리 현실은 그리 간단하지 않아요.

여러분은 어떤 사람이 좋은 학벌을 가져야 한다고 생각하나요? 시험 성적이 뛰어난 사람이 명문대에 들어가면 될까요? 그렇다면 어떤 사람이 시험을 잘 볼지 생각해 봐요. 경제적으로 풍요롭고 공부를 잘할 수 있는 가정환경이 시험 결과에 영향을 미치기 때문에 성적순으로 대학에 들어가는 것이 불합리하다고 말하는 사람들도 있어요. 한편으로는 어려운 가정 형편에도 불구하고 개인의 노력으로 그 모든 것을 극복하는 사람들도 있지요. 이런 경우를 예로 들며 성적을 기준으로 학벌이 나뉘는 것이 지극히 당연하다고 생각하는 사람들도 있답니다.

만약 내가 얼마 전 교통사고로 한쪽 다리가 불편한데 학교에서 50미터 달리기 기록으로 체육 점수를 준다면 어떨까요? 물론 내게도 참여할 수 있는 기회는 동등하게 주어집니다. 그러나 다리가 불편한 내가 다른 아이들과 같은 기준에 따라 점수를 받는다면 좀 억울하지 않을까요? 다리를 다치기 전에는 생각해 본 적이 없는 불편함일지도 모르겠습니다. 혹시 여러분은 분배 과정이나 결과가 자신에게 불리하다고 생각해 본 적 없나요?

작지만 거대한 '몫'소리들

흔히 우리는 '분배' 하면 앞에서 본 케이크 나누기와 같이 물질적인 것을 사람들과 나누어 갖는 장면부터 떠올립니다. 하지만 우리는 사람들과 함께 살아가는 동안 물질적인 재화뿐 아니라 표현의 기회, 정치 참여 기회나 권리, 명예 등도 나누어 가집니다. 다른 사람들보다 훨씬 더 많은 표현의 자유와 정치적 영향력을 가진 사람도 있지요. 하지만 누군가는 제대로 된 대우를 받지 못했어요. 그리고 이들이 억눌린 권리를 조금씩 되찾을 수 있는 방법을 모색하면서 우리 역사는 발전해 왔어요.

1955년 당시 미국 앨라배마 주 몽고메리 시에는 〈버스 내 흑백 분리법(이하 흑백 분리법)〉이라는 법률이 있었어요. 공공장소에서 흑인과 백인을 분리하는 법률에 따라 흑인은 앞문에서 버스 요금

자리 양보를 거부하고 체포된 로자 파크스 백인 승객에게 자리 양보를 거부한 흑인 재봉사 로자 파크스가 경찰에 연행되어 지문을 찍는 모습이에요. 이 사건으로 그녀는 유죄를 선고받았지만 거듭 항소했지요. 1956년 11월, 대법원은 대중교통에서의 인종 차별은 헌법에 위배된다고 무죄 판결을 내렸습니다.

을 낸 뒤 다시 뒷문으로 가서 버스를 타야 했어요. 백인이 한 명이라도 앉아 있으면 좌석 한 줄 전부를 비워야 했지요. 버스 승객 대부분이 흑인이었는데도 말이에요.

로자 파크스라는 흑인 여성은 부당한 법률을 더는 따르지 않기로 결심하고 〈흑백 분리법〉을 어긴 뒤 감옥에 갇혔어요. 이 사건을 계기로 몽고메리 시의 흑인들이 버스 보이콧 운동을 시작했어요. 몽고메리 시의 거의 모든 흑인이 매주 월요일마다 버스를 타지 않기로 하고 직장까지 걸어서 출퇴근을 했고, 승용차가 있는 극소수의 흑인들은 동료들을 직장까지 태워 주기도 했지요. 보이콧이 1년 간 계속되면서 버스 회사는 적자를 면할 수 없게 됐고, 〈흑백 분리 법〉역시 계속될 수 없었어요. 우리와는 상관없는 먼 옛날이야기 라고요? 오늘날 많은 사람이 자유롭고 편리하게 버스를 이용하는 것 같지만, 지체 장애인도 그렇게 느낄까요?

1913년, 영국에서 133년 역사를 자랑하는 더비 경마 대회가 열 리고 있는 중이었어요. 한창 달리고 있던 조지 5세의 말 앞으로 한 여성이 뛰어들었어요. 언론에서는 이 여성이 중요한 경기를 망치 고 왕실 경주마를 다치게 했다며 비난했지요. 이 여성은 말에 치 인 지 나흘 만에 숨졌어요. 그녀의 이름은 에밀리 데이비슨, 여성 참정권을 요구하는 시민 운동가였어요. 그녀는 말 앞으로 뛰어들 기 직전, 여성에게도 투표권을 달라고 외쳤어요. 영국에서 1838년 에 선거법이 개정된 이후 1928년에 여성의 참정권이 인정되기까지 는 90년이란 시간이 걸렸어요. 오늘날 우리가 당연한 권리라고 생 각하는 보통 선거권에는 이런 역사가 숨어 있습니다.

우리는 같은 출발선에 서 있을까요?

케이크를 몇 명이서 나눌 때는 똑같은 크기로 나누자는 의견에 쉽 게 동의합니다. 그런데 정치 권력, 경제력, 학력, 사회적 지위와 같 은 것들을 똑같이 나누자는 의견에는 사람들이 대부분 동의하지 않습니다. 능력이나 기여도 또는 노력의 정도에 따라 받는 몫이 달라야 한다는 논리에 더 많은 사람이 동의하지요.

한편으로는 누군가가 뛰어난 능력을 보였을 때 이런 생각이 들기도 해요. '그 사람 혼자만의 힘으로 가능한 일이었을까? 뛰어난 능력을 갖고 발휘할 기회를 얻을 수 있었던 건 운이 좋아서일지도 몰라. 애초에 불리한 조건이 주어져서 자신의 환경을 극복하기 어려운 사람도 있지 않을까?'라고 말이에요. 이런 의문을 가져 봤다면 미국의 정치 철학자 존 롤스의 정의 이야기를 참고해도 좋겠어요.

롤스는 각자에게 가장 처음 주어진 출발선이나 타고난 재능에 대해 당연하고 온전한 자기 몫이라고 말할 자격이 없다고 했어요. 여기에는 우연의 요소가 들어 있다고 봤으니까요. 예를 들면, 타고난 인종이나 피부색, 성별, 장애 등은 각자 다른 현실 속에서 살아가는 배경이 돼요. 이런 것들은 각자의 의지와는 상관없이 타고난 우연의 요소에 따라 결정되지요. 그뿐만 아니라 부모의 사회 경제적 지위나 신분, 자라난 지역이나 문화적 배경도 현재 자신의 모습에 많은 영향을 주는 요인이지요. 그렇지만 이것 역시도 우리가 선택할 수 있는 영역이 아닙니다. 우리가 갖고 있는 능력이나 외모, 신체 조건, 심지어 좋은 품성의 뒤에도 자연적이고 사회적인 우연의 요소가 숨어 있는 거예요.

이런 이유 때문에 롤스는 남들보다 유리한 위치에 있는 사람, 즉 재주와 능력이 뛰어나고 재산이 많으며 지위가 높은 사람들은 자

존 롤스 정의에 대한 문제를 집중적으로 연구한 미국의 윤리학자이며 정치철학자입니다. 1962년에 하버드 대학교 철학과 교수로 임용된 뒤 《정의론》, 《정치적 자유주의》 등의 명저를 펴내며 전 세계의 주목을 받았습니다. 롤스는 특히 모두가 동의할 수 있는 정의 원칙을 만드는 데 관심을 쏟았습니다.

신의 능력을 자기만을 위해 사용해서는 안 된다고 말했어요. 또한, 무언가를 분배할 때는 사회 경제적으로 가장 불리한 위치에 있는 사람들의 입장과 이익을 우선할 것을 정의의 주요 원칙으로 꼽기도 했어요. 자기 목소리를 충분히 내지 못하는 사람들을 고려하고, 분배 기준과 조건을 좀 더 세심하게 들여다봐야 한다는 말이기도 해요. 롤스는 같은 재능과 능력을 지닌 사람들, 그리고 그 재능을 발휘하려는 열의가 똑같이 뜨거운 사람들이라면 어떤 계층에 속해 있는가와 상관없이 동일한 성공 가능성을 갖고 있어야 하고 그들에게 균등한 기회를 보장해 줘야 한다고 보았어요.

그들은 케이크를 어떻게 나눠 먹었을까?

자신의 몫을 조금도 양보할 마음이 없는 친구들이 불만 없이 케이크를 나누어 먹는 방법은 무엇일까요? 분배 결과에 대한 불만족은 대개 분배받은 몫의 크기에 대한 불만에서 비롯됐겠지만, 분배 기준을 결정하는 과정이나 절차에 대한 믿음이 없기 때문일 수도 있어요. 우리가 과정과 절차를 최대한 공정하게 만든다면 사람들도 그 결과가 어느 정도는 공정하다고 받아들일 수 있겠지요.

모두가 인정할 수 있는 공정한 절차는 어떻게 만들 수 있을까요? 만약에 우리가 케이크를 칼로 자르는 사람에게 가장 먼저 자기 몫을 선택할 수 있는 기회를 준다면 어떨까요? 아마 자신의 몫을 최대한 크게 자르겠지요? 그렇지 않더라도 우리의 의심은 사라지지 않을 거예요. 그럼 이런 방법은 어떨까요? 케이크를 자르는 사람에게 맨 마지막에 남은 조각을 가지게 하는 거예요. 자신이 언제 케이크 조각을 고르게 될지 모르는 상태에서 케이크를 자르게 할 수도 있지요. 자칫하면 자신이 남들보다 작은 몫을 가져갈 수도 있기 때문에 케이크 조각의 크기를 최대한 고르게 하려고 노력할 거예요. 그 과정을 지켜본 다른 친구들도 대부분 공정하다고 느끼지 않을까요?

혹시 케이크를 공정하게 나누어 먹는 다른 방법을 알고 있거나 자신에게 더 좋은 아이디어가 있다면 그 생각을 알려 주세요.

마이클 샌델과 《정의란 무엇인가》 마이클 샌델의 베스트셀러 《정의란 무엇인가》는 사회적으로 정의에 대한 관심을 불러일으켰어요. 그는 이 책에서 아리스토텔레스, 벤담, 칸트, 롤스, 매킨타이어 등이 말한 정의에 대해 설명하면서 우리 사회의 논쟁거리들을 정의의 관점에서 풀어냈습니다. 그는 책에서 이렇게 말합니다. "정의는 올바른 분배만의 문제는 아니다. 그것은 올바른 가치 측정의 문제이다."

무지의 베일

자신이 어느 순서에 어떤 크기의 케이크 조각을 가지고 갈 수 있을지 모르는 상태에서 분배를 한다고 생각해 봐요. 롤스는 이 가상의 상태를 두고 '무지의 베일(veil of ignorance)'을 썼다고 표현합니다. '무지의 베일'은 다른 사람들이 얼마만큼의 몫을 가지든 별 관심이 없으며 자신의 이익을 극대화하는 데만 정신이 팔린 이기적

동기를 가진 존재들을 가정합니다. 그들은 자신이 어떤 사람인지, 어떤 입장에 처해 있는지 전혀 알 수 없는 원초적 상태에 있어요. 이를 통해서 어떤 결정이나 판단을 내릴 때는 자신의 처지, 자신에 대한 이해 정도가 영향을 미친다는 사실도 알 수 있습니다.

사람들은 과연 어떤 선택을 할까요? 자신의 몫을 예측할 수 없는 사람들은 가능한 한 안전한 전략을 택할 거예요. 자신이 가장 적은 몫을 가지게 될 상황을 염두에 두고 최대한 고르게 분배하는 전략입니다. 이익을 계산하기 어려우니 가능하면 손해를 줄이려고 하는 거지요. 인간은 그 누구도 처음부터 가장 적은 몫을 가지고 싶어 하지는 않습니다. 그렇다면 우리 중 가장 적은 몫을 받는 사람은 왜 그것을 받아들였을까요? 그리고 지금 그는 어떤 상황에 처해 있을까요?

정의의 여신 정의의 여신은 눈을 가린 채 한 손에는 저울을, 다른 한 손에는 칼을 들고 있어요. 우리나라 사법부는 정의의 여신을 형상화한 시그니쳐를 사용합니다. 심판할 대상자가 누구인지 편견을 갖지 않고 공평하게 잘잘못의 무게를 따져 엄정하게 심판하고, 정의를 실현하겠다는 의미랍니다.

5장

연대, 나도 그런 입장에 처할 수 있다

"인간적인 것 가운데 나와 무관한 것은 없다."

– 카를 마르크스

5,000원으로 실천하는 연대

중학교 친구인 우현이를 오랜만에 만나기로 약속했다. 약속 장
소인 혜화역 4번 출구에 만나기로 한 시간보다 일찍 도착한 나
는 우현이를 기다리는 동안 초라한 행색의 남자가 지하철역 출
구에서 뭔가를 들고 우두커니 서 있는 모습을 보게 되었다. '저
아저씨는 왜 노숙자가 되었을까' 궁금했지만 가까이 다가가기는
무서웠다. 불쌍하고 안쓰럽기도 했고 한편으로는 길거리에서 구
걸하고 있는 모습이 조금은 한심하다는 생각도 들었다. 잠시 뒤
우현이가 보였다. 그런데 우현이는 출구로 나오면서 그 아저씨
를 발견하고는 다가가 이야기를 하기 시작했다. 노숙자 아저씨
와 이야기를 마친 우현이의 손에는 잡지가 들려 있었다. 멀리서
우현이를 보고 있던 나는 조금 놀랐다. 나는 우현이를 만나자마

빅이슈코리아 2013년 현재, 세계 10개국에서 15종의 《빅이슈》가 발간되고 있습니다. 한국에서는 홈리스 자립 지원 단체인 '거리의 천사들'에서 2010년 7월 5일에 《빅이슈코리아》를 창간했습니다.

자 웬 잡지인지, 노숙자 아저씨와는 무슨 얘기를 나눴는지 이것 저것 물어보았다. 우현이의 대답은 이랬다. "저 아저씨는 구걸을 하는 게 아니라 일을 하는 중이야. 나도 얼마 전 사회 수업 시간에 알게 됐어."

우현이가 노숙자 아저씨에게서 산 잡지는 1991년에 영국에서 창간된 뒤 전 세계 여러 나라에서 현지 언어와 기사로 발간되고 있는 《빅이슈(THE BIG ISSUE)》입니다. 이 잡지는 표지 모델부터 기사를 쓰는 기고자와 편집 디자이너 들까지 참여자들의 재능 기부로 만들어진다고 하네요. 노숙자의 자활과 자립을 돕는 가치 있는 일

선배 빅판들과 이틀간 동행하며 판매 노하우를 배운 다음 10부를 무료로 받습니다.

▼

10권을 판 수익 5만 원으로 잡지를 다시 구입합니다.

▼

2주 이상 판매하면 정식 빅판이 되고 판매지를 배정받습니다. 1부를 팔 때마다 정가 5,000원 중 2,500원의 수익이 빅판에게 돌아옵니다.

▼

정식 빅판이 되면 주거 지원을 받습니다. 1년 이상 꾸준히 일한 빅판은 취업을 할 수 있도록 도움을 받습니다.

에 봉사한다는 취지에서지요. 《빅이슈》는 오직 거리에서만 판매되고, 판매 권한은 자립과 자활 의지가 있는 노숙자에게 주어진답니다. 판매 금액의 50퍼센트를 판매자에게 주는 파격적인 조건을 내건 대신 '빅판'이라고 불리는 판매자들은 매일 수익의 절반을 저축하는 규칙을 지켜야 해요.

'빅판'은 구걸을 하는 대신 당당하게 자신의 일을 하고 그에 대한 대가를 받습니다. 내가 어려운 처지가 되어 도움이 간절할 때 누군가 나를 불쌍히 여겨 도와준다면 어떨까요? 고마운 마음도 들지만 한편으로 나의 자존감이 무너져 내릴 것만 같습니다. 아마 나를 도와주는 사람과 내가 동등한 관계가 아니라, 누군가가 내 위에서 나를 내려다보고 있다는 불편함 때문일 거예요. 《빅이슈》를 판매하는 사람과 구매하는 사람은 잡지를 매개로 동등한 관계를 맺습니다. 내가 《빅이슈》를 사면 그는 자존감을 지키며 내일을 살아갈 수 있는 힘과 자활할 수 있는 용기를 얻게 됩니다. 고든 로딕과 함께 《빅이슈》를 만든 존 버드는 이렇게 말했습니다. "사람들이 돈만 주고 책을 안 가져가면 노숙자는 그냥 노숙자로 남게 됩니다.

빅판 수칙

❶ 배정받은 장소에서만 판매합니다.

❷ 《빅이슈》 ID카드와 복장을 착용하고 판매합니다.

❸ 빅판으로 일하는 동안 미소를 지으며 당당히 고개를 듭니다.

❹ 술을 마시고 《빅이슈》를 판매하지 않습니다.

❺ 흡연 중 《빅이슈》를 판매하지 않습니다.

❻ 판매 중 시민들의 통행을 방해하지 않도록 자리 잡습니다.

❼ 우리 이웃인 길거리 노점상과 다투지 않고 협조합니다.

❽ 빅판으로 활동하는 동안에는 《빅이슈》만 판매합니다.

❾ 긴급 상황 시 반드시 《빅이슈》 사무실로 연락합니다.

❿ 하루 수익의 50퍼센트는 저축합니다.

출처: 빅이슈코리아 홈페이지(www.bigissue.kr)

노숙자가 일을 한다는 걸 인정하고 돈을 주면 노숙자의 삶은 존엄하게 바뀌기 시작합니다. 가게에서 내 돈으로 뭔가를 살 수 있다는 존엄성, 카페에 들어가도 '당신 누구야?' 하는 소리를 듣지 않아도 되는 존엄성 말입니다." 비굴함 대신 존엄함으로 연결된 관계의 이름, 우리는 그것을 '연대'라고 합니다.

의자 놀이

혹시 의자 뺏기 놀이를 해 봤나요? 아주 간단한 놀이예요. 처음에 30명의 사람들이 모여요. 의자는 20개뿐이지요. 20개의 의자를 원이 되도록 놓고 30명이 둘레를 에워싸요. 술래의 구령에 맞춰 박수를 치며 한 방향으로 빙빙 돌다가 술래가 "앉아!" 하고 외치면 다 함께 의자를 향해 돌진하지요. 이때 의자를 차지한 사람은 게임에 계속 남고, 의자를 잡지 못한 사람은 탈락자가 돼요. 이제 20명이 되었나요? 이번엔 의자를 10개만 두고 조금 전과 같은 방식으로 게임을 합니다. 역시 술래가 "앉아!" 하고 외치면 의자를 붙잡기 위해서 모두 자기 몸을 던집니다. 이번엔 몇 명이 남았지요? 게임을 계속해야 하니까 의자를 또 뺍니다. 5개의 의자를 남겨 놓고 다시 경쟁합니다. 그다음은 의자 3개를 남겨 두고, 또 그다음은 마지막 1개만을 남겨 두고 게임을 합니다. 곧 최후 1인이 나오겠네요. 게임이 계속되는 동안 탈락자는 무엇을 하고 있을까요?

의자 놀이 빈곤 퇴치 운동가 유아사 마코토는 《덤벼라 빈곤》이라는 책에서 우리 사회의 경쟁 구
조를 의자 놀이에 비유합니다. 이 책은 빈곤 문제를 개인의 탓이 아니라 사회 구조의 문제로 바라
보아야 한다고 강조합니다. 우리가 다 함께 인간답고 행복하게 살기 위해서는 우리의 생각과 사회
제도의 어떤 점을 바꾸어야 하는지를 쉽게 설명하고 있어요.

그리고 어떤 감정을 느꼈을까요?

의자 놀이는 탈락자가 생길 수밖에 없는 구조로 만들어진 승자와 패자가 분명한 게임입니다. 다음에 이 게임을 또 하려면 언제 의자를 빼앗길지 모르니 열심히 체력을 단련하고 민첩성과 눈치를 길러야겠습니다. 하지만 누군가는 또 탈락자가 되겠지요. 복불복 벌칙을 피하려고 아등바등하는 한 텔레비전 프로그램에서는 이렇게 외치기도 합니다. "나만 아니면 돼~."

우리는 의자 놀이를 통해 누군가 낙오자가 되거나 불행한 처지에 놓이는 것이 개인의 게으름이나 능력 부족 때문만은 아니라는 사실을 알 수 있습니다. 게임 규칙 자체가 끊임없이 탈락자를 만들어 낸다면 개인은 여기에 당해 낼 수가 없겠지요. 우리 사회 역시 끊임없이 낙오자를 만들어 내는 구조는 아닐까요? 누군가가 실패했을 때, 어느 정도 견디며 살아갈 수 있는 최소한의 안전망이 없는 불안한 사회는 아닐까요? 혹시 낙오된 사람들에게 무관심하고 실패한 사람들에게 자립할 수 있는 기회를 좀처럼 주지 않는 사회는 아닌가요? 이러한 사회 구조의 문제는 결코 혼자서 해결할 수 없습니다. 그래서 우리는 비슷한 처지에 놓인 사람들끼리 서로 문제를 공유하고 의지하면서 자립할 수 있는 힘을 키우기 위해 《빅이슈》와 같은 잡지를 만들기도 하고, 공동으로 생각하고 행동하는 조합이나 공동체를 만들기도 하지요. 함께 지혜를 모아 공동으로 대응하는 힘을 기르는 것이 바로 연대입니다.

만약 내게 정책 결정권이 주어진다면?

정부가 어느 지역에 있는 강을 개발할 계획을 가지고 있다고 해 볼까요. 이 개발로 인해 김씨는 이익을 얻고 이씨는 손해를 볼 수도 있습니다. 박씨는 강을 개발해서 얻을 수 있는 국가 발전이나 경제적 효과를 생각하고, 정씨는 생태와 보전이라는 가치를 생각합니다. 여러분은 현재 이들 중 어느 한쪽에 서 있을 수도 있고 이들과는 또 다른 생각을 가지고 있을 수도 있습니다. 우리는 각자 다른 입장을 가지고 분배 과정에 참여합니다. 정책을 추진하거나 폐기하는 과정에서 내 입장은 반영되거나 무시될 수도 있습니다. 강을 개발하는 사업이 발표되었을 때 내가 개발 업무를 담당하는 공무원이나 실무자일 수도 있고, 개발 대상 지역의 정치 책임자일 수도 있으며, 이해관계가 얽혀 있는 지역의 주민일 수도 있습니다. 경제학자로서 개발 사업을 평가하고, 개발이나 환경 분야 전문가로서 참여하거나, 시민 단체의 활동가로서 정책에 대한 입장을 밝힐 수도 있고요.

만약 어느 회사가 경영상의 어려움을 해소하기 위해 구조조정을 하고 많은 노동자를 해고했다고 쳐요. 나는 해고자 명단에 있을 수도 있고, 다행히 없을 수도 있습니다. 회사가 이러한 결론을 내는 데에 자문을 한 전문가일 수도 있고, 경영에 관한 결정권을 가진 사람일 수도 있습니다. 회사의 결정에 직간접적으로 영향을 받는 노동자의 가족일 수도 있습니다.

위의 두 가지 경우는 우리 사회에서 충분히 일어날 수 있는 일입니다. 관련 정책을 결정하는 과정에 강 개발로 인해 피해를 입거나 회사의 구조조정 과정에서 해고가 될 수도 있다는 가능성을 상상하지 못하는 사람들만 참여한다면 어떻게 될까요? 개발에 뒤따르는 피해나 노동자 해고와 같은 문제가 개인의 삶에 미치는 영향을 구체적으로 상상할 수 없고 또 상상해 본 적도 없는 사람들이 내리는 결정은 때때로 폭력이 되기도 합니다.

나도 그런 입장에 처할 수 있다는 상상력

예상치 못한 사고나 실직과 같은 생존의 문제 앞에서 완전히 자유로운 사람은 없습니다. 오른쪽 자료를 보면 2005년부터 지난 6년 사이에 장애인 수가 50만 명 이상 늘었다는 것을 알 수 있어요. 장애를 가진 사람들이 급증한 이유 중 하나는 고령화사회로 접어들면서 후천적 장애를 얻은 노인이 많아졌기 때문입니다. 노인들에게 주로 생기는 후천적 장애는 관절염, 골다공증, 뇌출혈 등으로 거동이 어려워지거나 백내장, 녹내장, 난청 등으로 시력이나 청력을 잃은 경우를 말해요.

실제로 장애의 91퍼센트가 병이나 사고 등 후천적 원인에 의한 것이라고 합니다. 후천적으로 장애인이 된 사람들을 인터뷰해 보면 대부분 이전에는 이런 삶을 상상할 수 없었다고, 자신이 이러

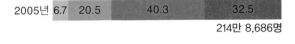

2005년 6.7 | 20.5 | 40.3 | 32.5
214만 8,686명

2011년 5.6 | 15.1 | 40.4 | 38.9
268만 3,477명

(단위:%)

■ 0~24세 ■ 25~44세 ■ 45~64세 ■ 65세 이상

출처: 한국보건사회연구원

장애인 수 증가 추이 한국보건사회연구원의 조사에 따르면 2005년에서 2011년 사이에 우리나라 장애인 수는 53만 명이나 늘어났습니다. 65세 이상 장애인의 비율은 2005년 32.4퍼센트에서 2011년 38.9퍼센트로 증가했답니다. 고령화사회로 접어들면서 노인들이 후천적으로 장애를 얻는 경우가 급증했음을 알 수 있습니다.

한 처지에 놓이게 될 것이라는 생각을 해 보지 못했다고 해요. 나이 들어가는 것 자체가 장애를 하나씩 얻게 되는 과정이라는 말도 있어요. 계단을 오르내리기가 어려워지고, 글자가 잘 보이지 않게 되지요. 만약 지금 장애인이 아니더라도, 누구나 태어나서 늙고 병들고 죽는 고통에서 자유롭지 못하며 어떤 불의의 사고를 당할지 한 치 앞을 내다볼 수 없다는 점에서 우리 모두는 잠재적 장애인이라고 할 수 있지 않을까요? 장애는 타인의 문제가 아닙니다. 장애는 지금 나의 문제이거나 혹은 곧 나의 문제가 될 수 있습니다.

얼마 전 학교에 헌혈 버스가 왔어요. 많은 친구가 헌혈을 하고 맛있는 빵과 봉사 시간이 인정되는 헌혈증을 받았습니다. 친구들에게 왜 헌혈을 했는지 물어봤습니다. 어떤 친구는 자신의 봉사 시간을 채우기 위해서, 어떤 친구는 누군가에게 도움이 될 거라고 생각하니 뿌듯하기 때문이라고 답했습니다. 그중 저는 이 친구의 말이 가장 인상적이었습니다. "저도 언젠가 갑자기 사고를 당하거나 병에 걸리게 되면 피가 모자라서 수혈을 해야 할 수도 있잖아요. 그런 입장이 될 수도 있다고 생각해 보면 누군지 알 수는 없지만 제게 혈액을 준 그분께 너무 감사할 것 같아요. 제가 받고 싶은 대로 저도 실천을 해야죠."

연대는 언젠가 나에게 닥칠지도 모르는 문제 또는 내가 최소 수혜자가 되었을 때 처할 수 있는 상황에 대한 상상력으로 다른 사람의 문제에서 나를 발견하는 일이라고 할 수 있어요. 연대는 누군가에게 동정의 손길을 내미는 것이 아니라 우리 모두가 연결된 존재라는 점을 자각하는 거예요. 우리 모두 어쩔 수 없는 연약한 인간이라는 공감에서 출발하는 것이지요.

그들이 내게 왔을 때

그들이 장애인 친구를 놀렸을 때,
나는 침묵했다,
난 장애인이 아니었으니까.

그다음 그들이 키 작은 아이들을 괴롭힐 때,
나는 침묵했다,
난 키가 작지 않은 편이니까.

그다음 그들이 빵셔틀을 만들어 부려먹을 때,
나는 아무 말도 하지 않았다,
난 빵셔틀이 아니었으니까.

그다음 그들이 휴대폰을 훔쳐 갈 때,
나는 아무 말도 하지 않았다,
난 휴대폰 주인이 아니었으니까.

그다음 그들이 나에게 닥쳤을 때,
나를 위해 말해 줄 이들은
아무도 남아 있지 않았다.

이진주, 〈그들이 내게 왔을 때〉(모방시)

나치가 공산주의자들을 덮쳤을 때,
나는 침묵했다,
난 공산주의자가 아니었으니까.

그다음 그들이 사회민주당원들을 가두었을 때,
나는 침묵했다,
난 사회민주당원이 아니었으니까.

그다음 그들이 노동조합원들을 덮쳤을 때,
나는 아무 말도 하지 않았다,
난 노동조합원이 아니었으니까.

그다음 그들이 유대 인들에게 왔을 때,
나는 아무 말도 하지 않았다,
난 유대 인이 아니었으니까.

그다음 그들이 나에게 닥쳤을 때,
나를 위해 말해 줄 이들은
아무도 남아 있지 않았다.

마르틴 뉘밀러, 〈그들이 내게 왔을 때〉

앞의 시는 마르틴 뉘밀러의 〈그들이 내게 왔을 때〉를 모방하여 왕따 문제에 대해 쓴 시입니다. 읽으면서 어떤 느낌이 들었나요? 여러분의 교실을 떠올려 보세요. 여러분이 따돌림과 학교 폭력이 일상인 반에서 생활하고 있다고 생각해 보세요. 이러한 일에 대해서 어느 누구도 용기 있게 '이것은 폭력이다.'라고 말하지 않는다면. 모두가 침묵하고 방관하며, 심지어 사실을 묻는 선생님이나 다른 친구들에게 모른 척한다면. 내 일이 아니니까 하고 넘겼던 일이 결국 걷잡을 수 없이 커져 괴물이 되고, 그 괴물로부터 나도 자유로울 수 없게 되었다면. 나는 지금 침묵하고 방관해도 되는 걸까요? 다른 사람의 인권이 존중받고 내가 속한 사회가 평화로운 것은 나와 어떤 관계가 있는 걸까요?

모두가 활짝 핀 꽃이 되기 위하여

1998년에 아시아에서 최초로 노벨 경제학상을 받은 인도의 경제학자 아마르티아 센은 자유에 대해 새로운 관점을 보여 줬어요. 자유는 간섭받지 않거나 자기 마음대로 할 수 있는 상태가 아니라 "자기가 소중하게 여기는 어떤 존재가 될 수 있는 능력 또는 자기가 소중하게 여기는 어떤 일을 할 수 있는 능력"이라는 거예요. 그는 "사람들이 얼마나 성취할 수 있는지는 경제적 기회, 정치적 자유, 사회적 권력, 그리고 양호한 건강 상태 및 기본 교육 같은 조

아마르티아 센 불평등과 빈곤 연구의 대가인 아마르티아 센은 빈곤 정도를 측정하는 '센 지수(Sen Index)'를 만들어 큰 주목을 받았어요. 그는 결과와 수치로 드러나는 경제 성장 규모에 집중하기보다는 인간다운 삶과 민주주의 가치들을 실현하는 경제를 만들어야 한다는 관점을 갖고 있어요.

건, 독창성의 격려와 함양 등에 영향을 받기 때문에 사람들의 자유가 증진되기 위해서는 빈곤이나 경제적 기회와 공공 서비스 부족과 같은 문제를 국가가 적극적으로 해결해야 한다."라고 했어요. 특히 그는 빈곤은 인간의 기본 역량이 박탈된 상태이므로, 그 자체가 일종의 반(反)자유라고 보았지요. 어떤 사람이 배가 몹시 고픈데 음식을 사 먹을 수 있는 경제력이 없다면 그에게는 먹을 자유가 없는 셈이지요. 우리는 이런 사람들을 외면해도 될까요?

다른 사람이 자유를 누리는 것, 기본 역량을 갖추는 것, 빈곤에서 벗어나는 것은 나의 자유와 어떤 연관이 있을까요? 우리는 왜 타인의 자유와 인권에 대해서 고민하고 폭넓은 책임감을 느끼며 연대하려는 걸까요? 타인과는 상관없이 나만 더 자유로워지면 안 되나요? 다른 모든 사람은 억압당하고 자유를 침해당하는데 내 자유만 온전하게 유지되거나 늘어나는 일은 가능할까요?

개인의 자유는 그가 속한 사회에서 만들어져요. 표현의 자유를 누릴 수 있는 건 내가 속한 사회가 그러한 자유를 보장하기 때문에 가능한 일이지요. 만약 표현의 자유를 억압하는 사회에 살고 있다면, 나는 표현의 자유를 얻기 위해 같은 입장에서 같은 생각을 하는 사람들과 함께 맞설 거예요. 인간으로서 누려야 할 자유와 권리를 침해당한 사람의 모습을 상상해 보세요. 어딘가 힘이 없고 위축된 모습이 떠오르지 않나요? 우리 모두가 활짝 핀 꽃과 같은 존재가 될 수는 없을까요? 인간의 자유와 권리, 존엄성을 존중하고 이를 높이기 위해 노력하는 사회가 된다면 우리는 더 자유로워질 거예요. 그리고 우리가 더 자유로운 존재가 된다면 사람들의 자유를 보호하고 촉진하는 사회적 장치나 제도 또한 더욱 발전시킬 수 있을 거예요. 이 모든 것이 결코 혼자의 힘으로는 이룰 수 없는 일이랍니다.

들으며 깨닫는 사회 이야기 – 경쟁, 복지, 정의, 연대

기획 | 전국사회교사모임
글 | 김상희·정민정·이진주

1판 1쇄 발행일 2013년 6월 24일
1판 4쇄 발행일 2018년 6월 18일

발행인 | 김학원
편집주간 | 김민기 황서현
기획 | 문성환 박상경 임은선 김보희 최윤영 전두현 최인영 이보람 정민애 이문경 임재희 이효온
디자인 | 김태형 유주현 구현석 박인규 한예슬
마케팅 | 이한주 김창규 김한밀 윤민영 김규빈 송희진
저자·독자 서비스 | 조다영 윤경희 이현주 이령은(humanist@humanistbooks.com)
스캔·출력 | 이희수 com.
용지 | 화인페이퍼
인쇄 | 청아문화사
제본 | 정민문화사

발행처 | (주)휴머니스트 출판그룹
출판등록 | 제313-2007-000007호(2007년 1월 5일)
주소 | (03991) 서울시 마포구 동교로23길 76(연남동)
전화 | 02-335-4422 팩스 | 02-334-3427
홈페이지 | www.humanistbooks.com

ⓒ 전국사회교사모임, 2013

ISBN 978-89-5862-602-2 54300
ISBN 978-89-5862-601-5 (세트)

이 도서의 국립중앙도서관 출판시도서목록(CIP)은 e-CIP홈페이지(http://www.nl.go.kr/ecip)
와 국가자료공동목록시스템(http://www.nl.go.kr/kolisnet)에서 이용하실 수 있습니다.
(CIP 제어번호: CIP2013007810)

만든 사람들

편집주간 | 황서현
기획 | 이보람(lbr2001@humanistbooks.com) 박상경 최윤영
편집 | 이영란
디자인 | 최우영
일러스트레이션 | 김형연
사진 제공 | 공공운수노조 빅이슈코리아 연합뉴스 민주노총전남지역본부 포이동철거대책위